书山有路勤为径，优质资源伴你行
注册世纪波学院会员，享精品图书增值服务

解决方案销售实施手册
（修订版）

The Solution Selling Fieldbook

［美］ 基斯·M. 依迪斯(Keith M.Eades)
詹姆斯·N. 塔奇斯通(James N. Touchstone) 著
蒂莫西·T. 苏里文(Timothy T. Sullivan)

武宝权 译

電子工業出版社
Publishing House of Electronics Industry
北京·BEIJING

Keith M. Eades, James N. Touchstone, Timothy T. Sullivan: The Solution Selling Fieldbook
9780071456074

Copyright © 2005 by Solution Selling, Inc.

All Rights reserved. No part of this publication may be reproduced or transmitted in any form or by any means, electronic or mechanical, including without limitation photocopying, recording, taping, or any database, information or retrieval system, without the prior written permission of the publisher.

This authorized Chinese translation edition is jointly published by McGraw-Hill Education (Asia) and Publishing House of Electronics Industry. This edition is authorized for sale in the People's Republic of China only, excluding Hong Kong, Macao SAR and Taiwan.

Copyright ©2019 by McGraw-Hill Education (Singapore) Pte. Ltd. and Publishing House of Electronics Industry.

版权所有。未经出版人事先书面许可，对本出版物的任何部分不得以任何方式或途径复制或传播，包括但不限于复印、录制、录音，或通过任何数据库、信息或可检索的系统。

本授权中文简体字翻译版由麦格劳-希尔（亚洲）教育出版公司和电子工业出版社合作出版。此版本经授权仅限在中华人民共和国大陆（不包括香港特别行政区、澳门特别行政区和台湾）销售。

版权©2019 由麦格劳-希尔（亚洲）教育出版公司与电子工业出版社所有。

本书封面贴有 McGraw-Hill Education 公司防伪标签，无标签者不得销售。
版权贸易合同登记号　图字：01-2013-6971

图书在版编目（CIP）数据

解决方案销售实施手册：修订版／（美）基斯·M. 依迪斯（Keith M.Eades），（美）詹姆斯·N. 塔奇斯通（James N.Touchstone），（美）蒂莫西·T. 苏里文（Timothy T.Sullivan）著；武宝权译. —北京：电子工业出版社，2019.8（2025.8 重印）
书名原文：The Solution Selling Fieldbook
ISBN 978-7-121-36734-2

Ⅰ. ①解… Ⅱ. ①基… ②詹… ③蒂… ④武… Ⅲ. ①销售－方法－手册 Ⅳ. ①F713.3-62

中国版本图书馆 CIP 数据核字（2019）第 111967 号

责任编辑：刘露明
文字编辑：卢小雷
印　　刷：河北虎彩印刷有限公司
装　　订：河北虎彩印刷有限公司
出版发行：电子工业出版社
　　　　　北京市海淀区万寿路 173 信箱　邮编 100036
开　　本：720×1000　1/16　印张：20.5　字数：266 千字　彩插：1
版　　次：2014 年 1 月第 1 版
　　　　　2019 年 8 月第 2 版
印　　次：2025 年 8 月第 19 次印刷
定　　价：79.00 元

凡所购买电子工业出版社图书有缺损问题，请向购买书店调换。若书店售缺，请与本社发行部联系，联系及邮购电话：（010）88254888，88258888。
质量投诉请发邮件至 zlts@phei.com.cn，盗版侵权举报请发邮件至 dbqq@phei.com.cn。
本书咨询联系方式：（010）88254199，sjb@phei.com.cn。

译者序

从2009年起,解决方案销售方法论及销售业绩提升的核心知识体系陆续进入中国。在过去的30年中,解决方案销售方法帮助了IBM、微软、马士基、飞利浦、汉高、京瓷等全球知名公司成功地将自身塑造为销售型组织。如今,国内的企业也可以获得解决方案销售咨询和培训服务。

为了更加精准地表达解决方案销售的核心理念和方法论体系,从2013年年初开始,Sales Performance International(SPI)公司大中国区总部决定重新翻译《新解决方案销售》(*The New Solution Selling*)和《解决方案销售实施手册》(*The Solution Selling Fieldbook*),由于之前较早与SPI合作并讲授解决方案销售的系列课程,我很荣幸地获得原书作者、解决方案销售方法创始人基斯·M.伊迪斯(Keith M. Eades)的信任,负责这次重译工作。

《新解决方案销售》和《解决方案销售实施手册》中译本已于2014年出版。这两本书是了解以客户为中心的解决方案销售最为理想的阅读材料。书中描述了解决方案销售的基本原则,以销售流程为基础,综合集成销售工具、销售技巧、产品知识及行业知识,其目标是帮助销售人员创造销售机会,识别潜在客户的业务问题,然后综合运用对客户的了解和对自身能力的了解,引导客户分析问题,帮助客户做出购买决定,协助客户自己找到真正的解决方案。

在过去的几年中，随着国家经济体制的深度改革，国内涌现出众多B2B类型的销售公司和组织。同时，有越来越多的销售人员接触解决方案销售方法，也有越来越多的销售型组织正在实践这套销售方法。我们的客户在感叹解决方案销售方法的系统性和专业性的同时，也产生了诸多的困惑。例如，如何更加有效地将解决方案销售方法论落地问题？销售型组织转型应该从何处开始？销售变革到底需要做哪些准备？销售型组织如何应对互联网趋势带来的革命性影响？如何塑造以解决方案为中心（也称解决方案导向型）的组织文化？

我们真切地看到，销售业绩的改变以及销售型组织的成功转型绝非简单地将其理解为进行销售能力训练或者销售培训。市场营销、客户服务、运营支持，以及企业高层管理与销售组织的整合方式和工作模式在销售流程中的关键时刻起到了重要作用。中国有句俗语："铁打的营盘，流水的兵。"对于解决客户的痛点而言，将整个企业作为能力的输出整体，远比培养出一两名顶尖的销售人员更为重要，这正是企业经营者深层次管理的需求所在。

为了更加精准地表达解决方案销售的核心理念和方法论体系，我们在2014年翻译《新解决方案销售》与《解决方案销售实施手册》的基础上，还翻译了旨在帮助企业塑造解决方案导向型组织的体系方法书籍《以解决方案为中心的组织：获得市场收益持续增长的引擎》，以及探索互联网趋势的销售新模式的书籍《协同销售：新常态下场景化价值驱动的销售新模式》。这两本书已分别在2015年和2016年出版。

如今，解决方案销售系列书籍已经成为众多讲述销售方法著作中的经典，书中的理论经由全球百万名销售人员多年的应用和验证，适用有效。解决方案销售系列书籍为B2B项目型销售人员提供了销售流程、方法、工具和技巧，帮助销售人员更好地理解客户的深层次需求，拓展潜在业务机会，提高业绩。同时，解决方案销售系列书籍为销售团队转型、塑造销售文化和打造以客户为中心的销售型组织提供了核心理论依据。

本次翻译工作得到了多方的大力支持，特别感谢 SPI 公司创始人及原书作者基斯•M. 伊迪斯先生的鼎力相助。对于中文版系列丛书中的名词解释和澄清，还要非常感谢活跃在中国地区的解决方案销售培训讲师和销售顾问，凭借他们在国内授课以及与客户互动中积累的大量实践经验，帮助校正了书中许多内容。最后，感谢电子工业出版社的刘露明老师和卢小雷老师在版权和编辑方面给予的巨大帮助。

我在解决方案销售培训中经常会说："想要在事业与生活上获得成功，你就必须冒点风险。"实际上，阅读这套系列书籍是非常愉快的。虽然阅读本身并不能带来直接的成功，但我相信你一定会在其中找到些许答案，让你的解决方案销售之旅有备而来。

最后，祝你阅读愉快，销售成功！也欢迎雅正！

武宝权

解决方案销售实施顾问

微信：qiu898486593

邮件：wubaoquan@connectmethods.com

 **武宝权** 毕业于英国利兹大学,获得管理硕士学位。从事销售与管理工作,先后在李宁、新浪、埃森哲、SPI公司工作,曾担任学习发展顾问、销售咨询顾问等职务。《销售与管理》《中外管理》杂志特约专栏作家。在SPI公司工作期间,获得解决方案销售高级认证教练,是核心项目实施顾问,他运用扎实的销售管理知识和丰富的实战经验,帮助客户企业进行销售组织转型,为其建立和实施行之有效的销售管理和能力发展体系。

中文版再版序

恭喜您刚获得一本最为成功的销售类书籍。多年来，来自不同国家和文化背景的读者就像您一样阅读了本书。他们将书中所学知识运用到实践中，为他们自己和所在公司创造额外的成功。

中国是一个非常大的市场。中国是一个大国，存在着不同形态的经济模式，有与世界顶级企业竞争的高新技术公司，也有刚刚开始摆脱农村经济形态的行业和公司。因此，中国市场必然存在着不同级别的最佳实践案例。您是否仍处在关系型销售的模式，或者您已经超越了，世界的趋势都很明显，如果您想跟上国际销售的最佳实践，不管公司处于什么样的阶段，销售必须变得更加专业。

在过去的25年里，我们已经为许多来自中国的学员讲授了如何从解决方案销售®中获益，如何与未采用这种方法的竞争对手进行竞争，形成优势。在世界范围内，已经有来自50多个国家的100多万人学习并实施解决方案销售®，并从中受益。中国的许多世界级的公司也已经采用解决方案销售®的方法，取得了可观的可衡量结果。

对于销售和领导者：最佳的结果是通过一套全面的方法提升销售业绩，从而建立一个世界级的销售组织。这必须围绕着：

A. 在您的团队中将合适的人才放在合适的岗位上。

B. 用销售流程固化销售行为。

C. 辅以有利的销售工具。

所以,培训仅仅是第一步。

对于人力资源经理:中国市场上一定也充满了不同类型的销售培训。但大多数的销售培训仍然仅注重个人技能的培养,这可以帮助提升个人的销售技巧,然而从本质上很难帮助整个组织提升销售业绩。当销售经理向你咨询有关销售的培训时,请确保与销售经理共同决定真正能够帮助销售团队整体提升业绩的方法,而不仅仅是个人的销售技巧。

SPI 公司期望帮助有愿望成为专业销售人员的朋友追求销售的高绩效。通过面对面或虚拟培训、在线学习、一对一辅导、销售业绩报告服务、销售工具的设计,我们愿意随时随地为这些专业人士提供最佳实践。在所需之处,我们保证所有专业销售人员能拥有属于自己的最佳实践。

SPI CEO　Keith M.Eades

SPI 国际业务副总裁　Jurgen Heyman

SPI 亚太区总经理　Lawrence Lee

前 言

根据美国人口普查和劳工部（Census and Department of Labor）的统计数字，美国近1/5的劳动人口，即2 500万以上人口，其正式职业为销售人员。全世界专业销售人员总数有多少，目前还没有准确数字，但肯定超过了几亿人。

数量如此庞大的人群以向他人销售产品和服务为生，他们的销售技巧通常只靠在实践中摸索。人们通常把销售看作一门艺术，而不是科学。帮助专业销售人员掌握销售技巧的资源非常有限。

销售人员是"能言善辩的魔鬼"，这样的陈词滥调正在迅速被淘汰。人们现在已经认识到，那种把销售人员描述为狡猾欺诈、唯利是图、不可信的电影中的印象是对全世界几亿专业销售人员形象的歪曲。

现在的消费者对卖给他们东西的人要求越来越高。如果一个客户跟你有互动，他从第一次接触就期望你能为他提供有价值的东西。如今消费者能够获得的信息比以前任何时候都多，而且他们获得信息的速度也更快，他们能够在很短的时间内评价各种不同选择，而且能迅速从多种渠道获得准确价格和相关的细节。事实上，就购买商品来说，客户在很多时候可以根本不需要销售人员，他们可以通过电子方式购买，这种方式是许多销售部门面临的一个挑战。

"解决方案销售"的问世正是基于以上原因。根据对客户购买行为的分析及世界上最为成功的销售人员的有效实践总结,"解决方案销售"为人们提供了一种有效的销售模式,它不仅通过销售的产品或服务,而且更重要的是通过你的销售方式,满足客户越来越高的要求。本书会告诉你该如何去做。

本书简介

欢迎阅读本书。本书是一本与《新解决方案销售》相配套的实施手册。《新解决方案销售》描述了应用最为广泛的销售方法。本书中,我将帮助解读如何将解决方案销售方法论付诸实践的应用部分。

本书之所以称为实施手册,是因为我希望你能够实际运用解决方案销售的方法,帮助真实客户得到他们所需要的解决方案,也帮助你获得回报,成就富有成效的人生。本书中包含的销售方法、销售流程、销售工具和销售技巧经过了来自各行各业的50多万名销售人员的验证。要想为自己和公司赢得更多生意机会,你需要了解的东西都在书中。

我的上一本书更多地描述销售哲学、理论和原则,而本书更多地聚焦于这些方法、原则在你的销售机会中的实际应用。这本工具手册不会纠缠于阐述为什么解决方案销售有效,要想获得答案,我建议你阅读《新解决方案销售》。取而代之,本书会集中于如何应用解决方案销售,从而产生更多销售成果,同时令客户更加愉悦和更满足。

本书的读者对象

你可能已经想到,本书中的内容对专业销售人员非常有价值。销售正在逐渐成为一种团队活动。我写本书不仅仅是为了那些想学习有效的销售方法并借此在工作上成功的销售人员，同时也为了那些通过了解成功销售方法能使其受益的各类关注者。这些人包括如下几类人。

- 市场营销人员。"解决方案销售"包括一些工作辅助工具，它们为市场营销人员与其销售团队间的协调提供了绝好的机会。了解了"解决方案销售"，他们就能够为销售人员在恰当的时候提供恰当的客户信息。同时，这也使他们更容易实现自己的市场营销目标。

- 销售支持人员。许多公司雇用一些了解某个特定产品或服务的细节或在某个特定行业有专长的专家，帮助销售人员诊断客户的需要，说明产品、服务或与销售相关活动的价值。尽管这些人不负责销售机会的结案，但销售支持人员对许多复杂销售活动的成功起着关键作用。了解如何运用"解决方案销售"能使这些人受益，提高他们的工作绩效。

- 管理人员和行政人员。如果你是公司的部门经理，即使你负责的不是销售部门，了解如何支持公司的销售活动对你也是有益处的。几乎任何一家公司的任何人都可以阻碍或支持公司销售团队的工作。

- 合作伙伴和同盟者。许多公司与第三方组织结成合作伙伴或联盟，以便为共同的客户提供更好的解决方案。了解"解决方案销售"有助于你更有效地销售关联的产品和服务，同时使自己成为更有价值的合作伙伴和同盟者，最终为自己的公司赢得更多的生意。

如果你的个人成功取决于你自己或你所在公司的销售能力，那么本书正适合你。换句话说，任何人读了本书并对其中的原则加以运用，都会从中获益。

事实上，许多人已经在运用"解决方案销售"的原则，改善他们的个人生活和职业发展。下次你和家人或朋友再有分歧的时候，可以试着运用"解决方案销售"中的某些方法诊断原因，解决问题。在很多时候，生活上的成功无非就是帮助他人接受对双方都有利的解决方案。

目 录

第 1 篇 导论

第 1 章 如何使用本书 …………………………………… 3

第 2 章 解决方案销售概述 ……………………………… 7

第 2 篇 挖掘潜在机会

第 3 章 有效进行拜访前规划和研究 …………………… 17

第 4 章 如何激发潜在客户的兴趣 ……………………… 41

第 5 章 帮助潜在客户承认痛苦 ………………………… 67

第 6 章 诊断痛苦并创建解决方案的构想 ……………… 87

第 3 篇 参与活跃机会

第 7 章 如何做到后来者居上 …………………………… 123

第 8 章 重塑解决方案构想 ……………………………… 141

第4篇　评估、控制、结案

第9章　接触权力支持者 …………………………………………… 157

第10章　控制购买流程 …………………………………………… 175

第11章　销售价值 ………………………………………………… 195

第12章　达成最后协议 …………………………………………… 207

第13章　衡量和利用成功 ………………………………………… 221

第5篇　管理销售机会

第14章　管理销售机会 …………………………………………… 229

第6篇　实用工具模板

第15章　高效实用的30个销售辅助工具模板 …………………… 243

后记 ……………………………………………………………………… 313

第 1 篇 导 论

第1章
如何使用本书

各位读者，请准备好笔，本书的设计特点就是让你在看书的时候随时填写和标注，把你认为有用的词句或段落用笔标记出来。请将你希望参照的那页折叠，并把你认为非常重要的部分贴上备忘标签。

本书提供了大量的练习，以帮助你理解一些重要概念，并将这些概念应用于自己的销售实践。我强烈建议你完成这些练习，它能帮你将解决方案销售应用于实践中。实践出真知，如果只是单纯阅读这些内容而不进行实践的话，你就不能完全掌握在现实工作中使用解决方案销售的方法。

本书最后部分提供了解决方案销售辅助工具模板，包含了供你个人使用的一整套辅助工具模板。

关于版权的说明

购买本书的读者可以使用本书中的所有材料，帮助你开展销售工作。但是，除非经过 Sales Performance International（SPI）公司明确的书面同意，否则请不要复制本书任何部分的内容供他人使用、用于销售或其他商业目的。本书的内容受到版权法保护，属非公用资料，不能免费使用。

如果你的同事或朋友希望使用本书中的资料，请让他自己买一本，或者更好的办法是，你买一本送给他。

内容概述

本书分为 6 篇，每篇又包含若干章节。下面对各篇做一个简单介绍，以方便读者选择自己最感兴趣的章节阅读。

第 1 篇　导论

导论篇向读者介绍本书的使用方法，以使读者获得最佳的阅读效果。对于那些没有阅读过《新解决方案销售》或没有参加过解决方案销售培训的朋友，我建议你最好仔细阅读第 2 章，这一章对解决方案销售的重要方面进行了概括。

第 2 篇　挖掘潜在机会

这一篇介绍怎样说服潜在客户，捕获新的销售机会。开发潜在机会是解决方案销售方法中一个非常重要的组成部分。一旦创造了这种潜在机会，成功的概率就会很高。

第 3 篇　参与活跃机会

这一篇介绍当你不是发现机会的第一人时，怎样获得参与竞争的资格，并捕获销售机会。赢得活跃机会所采用的方法和挖掘潜在机会的方法是不同的，前者需要你重构客户的潜在解决方案构想，使之倾向于选择你而不是你的竞争对手。

第4篇 评估、控制、结案

这一篇教你如何接触到购买组织中的权力支持者,如何控制购买流程,如何销售价值,以及如何与客户达成最后协议。本篇还介绍了人们经常忽视的、对提供给消费者价值的衡量方法,以及如何利用这次成功创造重复销售的机会。

第5篇 管理销售机会

这一篇介绍如何管理销售漏斗,从而使你获得稳定的销售收入,并准确地预测未来销售。

第6篇 实用工具模板

在本书最后,你将找到所有销售辅助工具的描述和模板信息。

本书中的图标

本书中的部分信息配有特殊的图标,目的是突出重点内容,便于以后查找。下面介绍这些图标的含义。

 该图标代表解决方案销售的基本原则。

 该图标是解决方案销售的辅助工具,即用来帮助你完成销售活动的模板或工具。

 该图标突出解决方案销售的可扩展性,即适用于从复杂到简单各种不同的销售情况。

另外，本书有一张大图（解决方案销售总览），说明如何在整个销售流程中使用每章介绍的辅助工具，见书后所附的大图。

阅读指南

如果你对解决方案销售方法和销售流程不是很熟悉，我建议你按照先后顺序，从头到尾通读此书。解决方案销售方法和销售流程是一步步建立起来的，你在掌握了前面概念的基础上，才能知道怎样使用后面的概念。

如果你已经阅读过《新解决方案销售》一书，或者参加过解决方案销售培训，那么本书的部分内容读起来就像对以前内容的回顾，但更强调实用。对于此类读者，我建议你重读本章的"内容概述"部分，浏览目录，然后直接进入每章的应用练习。

祝你好运，祝你销售成功！

第 2 章
解决方案销售概述

什么是解决方案销售？

解决方案销售是一个销售流程。它是目前世界上使用最广泛的注重实际销售效果的销售流程。已经有50多万人接受了解决方案销售的培训，并经常使用其中的方法完成销售活动。

可执行销售活动涉及与潜在客户的直接接触。对于许多个人和组织而言，解决方案销售是完全意义上的端到端的销售流程；对于其他一些销售情况更复杂的个人或组织而言，解决方案销售就是销售流程中的可执行部分。解决方案销售不仅指导你做什么，还教你怎么做。

解决方案销售流程由以下几部分构成：哲学思想、行动地图、方法论与销售管理系统。

一套哲学思想

客户是一切焦点所在。帮助客户解决他们的业务问题，同时实现可衡量的正面结果，是一切行动的基础。因此，解决方案销售流程的各项步骤，皆与买方如何购买有关。

一份行动地图

　　解决方案销售提供销售路径图，指引你如何从目前所在地到达目的地。解决方案销售提供从头到尾的端到端步骤。所谓端到端是指从销售之初到最终成交结案。中间包括售前规划、激发兴趣、诊断问题、形成构想、掌控销售流程、顺利成交结案、衡量成功。利用这个流程，你便能够鉴别、分析、汇报、管理与指导每个销售机会。此外，解决方案销售还可使你具备预测销售成败的能力。

一套方法论

　　解决方案销售是一套方法论系统，其中包括工具、技巧与流程，能够帮助销售人员与销售团队找出快速成交的销售步骤。同时，它也有助于提升客户满意度，并增进销售产能。

一套销售管理系统

　　解决方案销售为销售人员、销售经理、高层管理者提供了一套包括分析销售漏斗、评估有效销售机会和掌握辅导技巧的流程，因此能提高销售产能和销售预测能力，从而创造出高绩效的销售文化。

解决方案销售流程模型

　　该流程模型能帮助人们学习解决方案销售流程。解决方案销售源于销售步骤和购买步骤的统一。它能帮助任何与销售有关的人员看到自己在某个销售机会中所处的位置，以及下一步应该做什么，这些步骤合理地界定了每个人的责任。

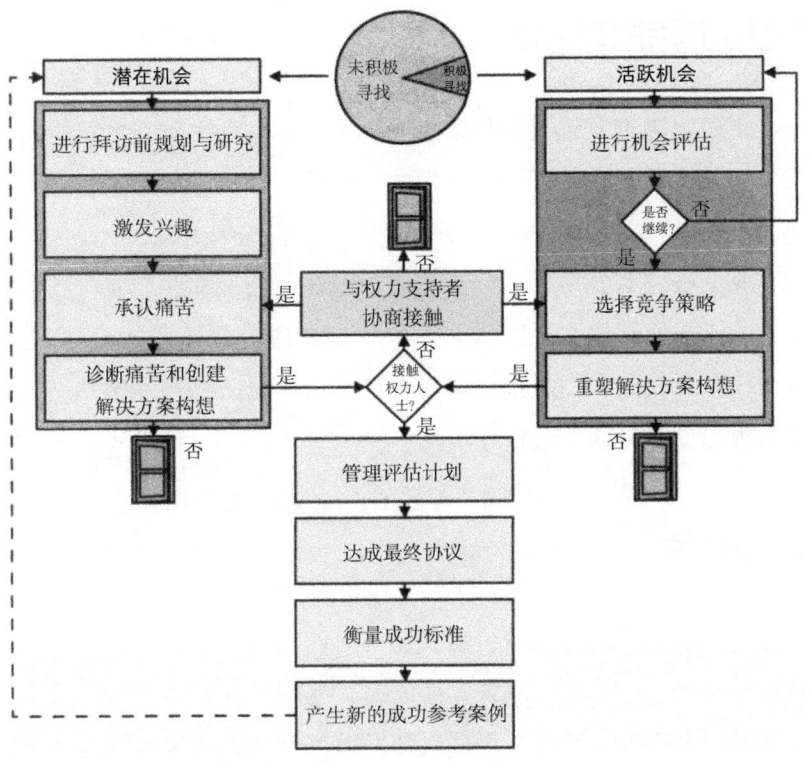

在目前市场营销时代，销售工作通常是由销售团队完成的。例如，电话销售员、市场营销人员或"内部"销售代表可能进行拜访前规划和研究、激发兴趣、发现问题，以及接听潜在客户主动打来的电话。一旦销售机会通过评估，它们就被移交给某个传统意义上从事销售工作的人员，如销售员、客户经理或"外部"代表，这个人可能负责该销售机会直至成交结案，也可能外包给生意伙伴或项目团队，帮助实施评估计划至成交。

在必要的情况下，公司和个人需要确定每个销售人员的职责以及与他人的衔接事宜。不管你负责哪项具体工作，本书旨在帮助你提高并运用销售流程每步所需的技能。我通常用"销售人员"一词泛指上面谈到的任何与销售工作有关的专业人员。

解决方案销售流程

正如解决方案销售流程模型图所示，你主动去创造的机会与找上你的活跃机会是有明显区别的。两种销售机会的起点完全不同，本书针对两种不同的机会分别提供练习。

该流程模型分为两部分：左边为潜在机会（那些没有打算从你这儿或任何其他人那里购买的客户），右边为活跃机会（那些已经在积极寻找购买而且很可能对自己的需要已有构想的客户——那个构想当中可能不包括你）。

潜在机会

潜在机会的获得源自帮助潜在客户认识到自己还没有着手解决的问题，由于不知道或者其他原因，他们决定忍受业务问题带来的痛苦。销售人员通常不喜欢开发潜在机会，因为他们认为这需要花费很长时间，也有些销售人员根本不知道如何开发潜在机会。

在本书第 2 篇中，你将就以下这些方面的内容展开练习，并将其应用于挖掘潜在机会的实践中。

- **有效进行拜访前规划和研究**。获得潜在客户组织的相关信息，以发现其中存在的高优先级的问题。确定潜在客户组织内的合适人选，将其作为最佳切入点。
- **激发潜在客户的兴趣**。利用已掌握的信息，围绕需要解决的问题，激发潜在客户的兴趣，向他们说明他们的同行如何在你的帮助下解决了类似业务问题。
- **帮助潜在客户承认痛苦**。准确定位自己的销售活动，让客户感觉到你的真诚并相信你的能力。之后，向潜在客户讲述你以前客户的以结果为导向的成功故事，引导潜在客户承认问题。以痛苦换痛苦。
- **诊断痛苦和创建解决方案构想**。一旦潜在客户承认了问题，询问一些有助于引导客户自己找出问题解决方案的诊断性问题。这种诊断活动必须在你向客户介绍你的产品或服务之前进行。

活跃机会

流程图的右边是活跃机会。这些机会不是你创造出来的，这种机会可能源自一个打进来的电话，一份正式的征求建议书（Request for Proposal，RFP）或者一个信息征求书（Request for Information，RFI）。也就是客户主动找上了门。

在本书第3篇，你将就以下这些方面展开练习，并将其应用于把握活跃机会的实践中。

- **进行机会评估**。根据一套客观的、规范的评估标准确定是否参与销售机会，不仅用这些标准衡量客户的言语，也可以衡量他们的行动。
- **选择竞争策略**。通过回答关键问题，确定在特定的机会中，利用5个主要竞争策略中的哪一个策略及相应的战术。
- **重塑解决方案构想**。引导潜在客户，使之认为有必要改变或扩展现有的解决方案构想，使新的解决方案构想更倾向于你的产品或服务。为了重塑现有的解决方案构想，你应当努力突出自己产品或服务的独特能力。

评估、控制、结案

不管你是参与一个活跃机会的竞争，还是主动创造了销售机会，一旦潜在客户已经有了一个偏向你的产品或服务的购买构想，你就应该开始进入评估、控制和结案过程了。

在本书第4篇，你将就以下几方面内容展开练习，并将其应用于评估、控制和结案过程之中。

- **如何接触到权力支持者**。如果你不能直接拜访某个能够影响或做出购买决定的潜在客户，你就应该和支持者合作，力图接触到决策人。如果有必要，与支持者协商，向之证明你的能力，以此作为接触权力支持者的交换条件。
- **如何控制购买流程**。了解、影响并引导权力支持者的购买和评价流程，共同制定引导客户做出购买决定的方案。
- **如何销售价值**。展示和实现价值要贯穿于整个销售机会的全过程。在销售周期的开始就以价值引导客户，在销售周期中向客户证明价值，在销售周期结束时以价值结案，并持续对价值进行衡量。
- **如何达成最后协议**。事先预测一下客户可能让你做哪些让步，把自己有可能愿意接受的条款列一个清单。就谈判做好前期准备，谈判要立足于你对客户情况的了解和你能拿到谈判桌上的价值。
- **如何衡量和利用成功**。和客户一起制定衡量成功的标准，定期衡量结果以确保预期的效果，并利用本次销售的积极效果，激发未来机会中潜在客户的兴趣。

适用于每个人的应用练习

本书中的应用练习旨在帮助你策划和实施销售流程中的各个步骤。如果你是一名销售人员，你会发现，这些练习和销售辅助工具能帮助你赢得正在进行的某个重要销售机会；如果你不直接从事销售工作，或者没有机会在实践中应用销售流程模型，你可以把练习置于整个销售流程中来对待，这种整体格局可以使你对销售流程有一个清楚的认识。

不管你采用什么样的方法，让我们开始吧。

第 2 篇

挖掘潜在机会

第3章
有效进行拜访前规划和研究

为什么拜访前规划和研究如此重要?

通常,运动员输掉一场比赛后,你会听到他们这样说:"本来该赢的,就是没有发挥好。"在失去了销售机会之后,你可能听到销售人员几乎说同样的话:"计划得挺好,就是没做好。"

要想在销售工作、体育比赛和其他活动中获得成功,关键是准备工作一定要做充分。设想一下你最喜欢的专业运动员或舞台演员,他们在准备大型比赛或重要演出之前,每周要花多长时间进行训练?训练时间很可能是比赛时间的10倍,甚至更多。

销售人员、市场营销人员或其他商务人士,他们花多长时间准备会见潜在客户呢?许多人坦诚地承认,自己用于准备的时间和实际会谈的时间比例往往低于1∶1。前期准备工作不充分,效果往往不会好。

销售成功与否取决于与客户谈话前的策划和研究的有效性。就像《新解决方案销售》中介绍的那样,所有有效的拜访前规划和研究的共同特征是,着重于发现潜在问题。

什么是"痛苦"?在解决方案销售中,痛苦指的是关键的业务难题或潜在的错失的机会,这是促使客户行动的原因。

本章介绍一些有用的原则、练习和销售辅助工具,帮助你发现潜在的问题。解决方案销售的辅助工具有下面3个:

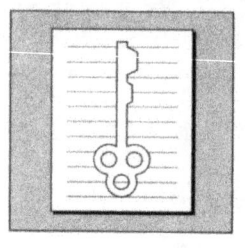 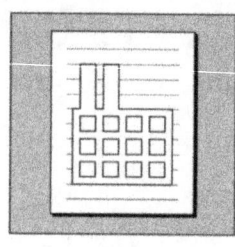 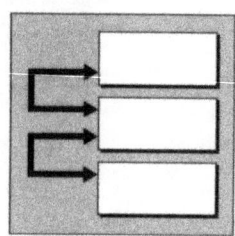

关键人物表　　　　客户概况　　　　痛苦链

为什么发现痛苦如此重要?没有痛苦,客户就没有理由去改变。下面我们来看解决方案销售的第一个基本原则。

 痛则思变

在解决方案销售中,"痛则思变"是一个最基本的原则,有效销售过程中的其他原则都建立在该原则的基础上。"痛苦"这个词就是为了强调一点:当客户的问题令人痛苦而且关系到个人时,他们最有动力采取行动。

那些称其服务宗旨是"满足客户需要"的专业销售人员,他们的这种做法是非常正确的。他们注重客户的需要,而不仅仅立足于自己需要销售的东西。在明确客户需要之前,你首先需要了解,到底是什么样的关键业务难题使得客户开始考虑自己需要什么。

对于关键业务难题,不同的人可能使用不同的词称呼它:业务驱动力、行动的主要原因、疑难问题、潜在错失的机会,或者

简单的"痛苦"二字。不管你使用哪种说法，没有它的存在，客户是不会采取行动的。换句话说，痛则思变，没有痛苦就没有改变。

人们买东西的目的就是为了解决问题，这一概念看起来很简单，但是许多销售人员从来不去发现促使潜在客户采取行动的潜在痛苦。很多时候，销售人员想当然地认为，客户自己明白某些产品或服务将如何解决自己的问题。

发现潜在问题是有效的拜访前规划的关键因素，那么，该如何着手发现它呢？第一步就是要确定你在销售过程中经常遇到的关键人物，并记录下他们的每个最常见的问题。

练习：发现潜在痛苦（1）

活动
- 列出销售过程中你经常遇到的 3 个客户的职位信息。
- 列出每个职位最可能遇到的 3 个潜在问题。
- 把你的答案记录在下面的表格中。

发现潜在痛苦工作表

职位信息	潜在痛苦
	●
	●
	●
	●
	●
	●
	●
	●
	●

为确保你准确表达了潜在客户的痛苦，用下述检查表进行检查。对以下选项，你至少应打一个"√"，才证明你准确表达了潜在客户的痛苦。

痛苦检查表

这一痛苦

❑ 是否和对应的人所担任的职责相关？
❑ 是否关系到其个人？
❑ 是否应由其负责？
❑ 是否是其希望解决的问题？
❑ 问题的解决是否会使其得到奖励？
❑ 是否其同事也希望解决此问题？
❑ 是否为其采取行动提供了主要原因？
❑ 是否以下列方式进行表述？
　○ 什么增长了？
　○ 什么下降了？

- 执行某个强制性命令？
  - 某个潜在错失的机会？

> **痛苦示例**
>
> - 增长的：成本、竞争力变弱、失误、客户投诉、退货、员工流失。
> - 下降的：利润、市场份额、服务、质量、增长率、客户关怀。
> - 强制执行的：政府法令、行业标准。
> - 潜在错失的机会：市场进入失败、错失市场时机。

> **练习：发现潜在痛苦（2）**
>
> **活动**
> - 看前面已完成的"练习：发现潜在痛苦（1）"表格中的潜在痛苦。
> - 用痛苦检查表进行检查，以确保所列痛苦表述准确。
> - 更改或删除那些不符合痛苦检查表中任何标准的潜在痛苦（此痛苦在痛苦检查表的选项中没有打一个对号）。
>
> **注意**：一定要完成这一练习，因为在后面的其他练习中还会使用到它。

市场营销部门可以帮助销售人员进行拜访前规划，规划内容包括确定目标市场、目标市场中以职位识别的潜在客户，以及这些人可能面临的首要问题。拜访前规划和研究阶段使用的辅助工具是"关键人物表"。

 关键人物表

概述

关键人物表按照行业不同列出公司中的重要职位和这些职位上的关键人物可能面临的关键业务难题。

何处使用、如何使用

当你根据客户的职位和职责对其进行研究、拜访或面谈时，关键人物表能够帮助你发现需要进一步探索的问题。当你拜访客户时，或者当你进入一个不是很熟悉的行业或对该行业没有很多经验时，关键人物表对你尤其有帮助。

关键人物表不仅可以帮助你发现客户还未发现的潜在问题，从而为你创造销售机会，而且，在活跃机会销售周期中，它可以帮助你发现促使客户行动的潜在原因。

应达到的效果

通过使用关键人物表，你应该能够更快地确定客户关键人员及他们的潜在痛苦。此外，它还可以帮助你积累对特定行业的知识和经验。

需要的信息

要创建关键人物表，你需要对目标行业的关键人员、他们的问题，以及他们的职责进行研究。

注意：最好就你经常打交道的行业和其中的职位信息建立一个关键人物表数据库，并根据行业的发展趋势及与客户接触过程中得到的一些新信息，定期对数据库更新。

在看关键人物表范例之前,完成下面的练习,看看你是否能够发现不同职位中存在的典型痛苦。

> **练习:将职位与痛苦匹配**
>
> 活动
> - 在下面的表格中,将职位和最可能与之相关的痛苦匹配起来。
>
> 注意:
> - 在下面练习中出现的工作职位和痛苦,按照行业中一般情况进行理解。
> - 例如,表中将职位栏的客户服务主管和相应的客户投诉增加问题相匹配。

24 • The Solution Selling Fieldbook

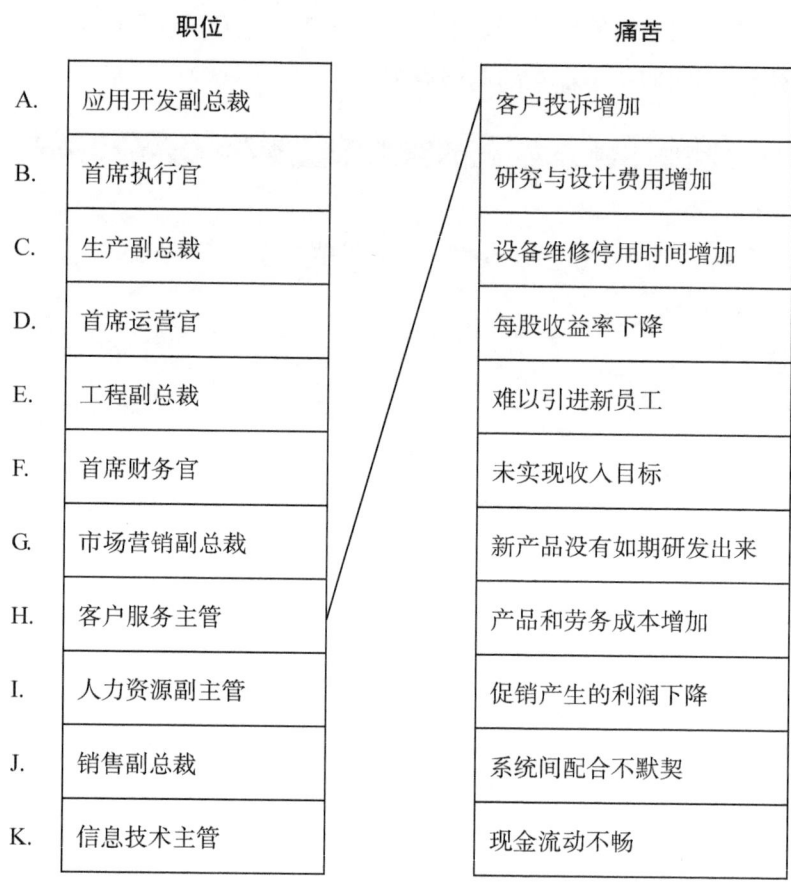

答案：A. 新产品没有如期研发出来；B. 每股收益率下降；C. 设备维修停用时间增加；D. 产品和劳务成本增加；E. 研究与设计费用增加；F. 现金流动不畅；G. 促销产生的利润下降；H. 客户投诉增加；I. 难以引进新员工；J. 未实现收入目标；K. 系统间配合不默契。

现在让我们来看关键人物表示例，该表是针对制造业编制的。

关键人物表

行业：制造业	
职位	痛苦
首席执行官	■ 市场份额减少 ■ 不能满足投资者预期 ■ 利润率下降 ■ 每股收益（EPS）下降
首席运营官	■ 质量不稳定 ■ 员工工资增加 ■ 销售的产品成本增加 ■ 不能满足现有客户的需求 ■ 营业利润下降 ■ 生产目标实现情况不稳定
首席财务官	■ 缺乏及时和准确的报表 ■ 现金流动不畅 ■ 投资回报率下降 ■ 资产回报率下降
信息技术主管和副总裁	■ 不能满足用户要求 ■ 不能制定长期战略 ■ 不能及时引进先进技术 ■ 部门间信息不协调
生产副总裁	■ 不能如期生产和送货 ■ 库存积压严重 ■ 不符合政府法令 ■ 缺乏购置设备的资金 ■ 成本超出预算 ■ 设备维修停用时间增加
销售和市场营销副总裁	■ 市场份额下降 ■ 销售量下降 ■ 销售成本、销售费用增加 ■ 不能准确预测未来收入 ■ 不能实现销售目标 ■ 促销活动收效甚微

关键人物表针对的是个人的业务问题，而客户概况提供某个组织的整体情况。对客户概况的分析有助于发现某个组织所面临的潜在痛苦。

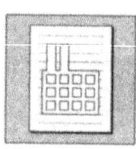 客户概况

概述

客户概况提供目标组织的概况，介绍一个组织的主要组成部分。它强调组织面临的挑战。

何处使用、如何使用

当需要了解你所接触客户的一些重要信息时，客户概况是理想的"快速信息"资源，它应包括以下几项内容。

- 公司背景。
- 提供的产品或服务。
- 市场分析。
- 财务状况。
- 竞争情况。
- 高层关键人物。
- 潜在问题描述。
- 需要的潜在能力。

应达到的效果

客户概况通过发现目标组织可能遇到的问题，来帮助你或你的团队挖掘某个潜在机会、制定销售策略。此外，确定组织中关键人物及其遇到的痛苦，能使你看到个人的痛苦之间是如何相互关联的。

> **需要的信息**
>
> 　　了解潜在客户组织的情况、关键人物及其可能遇到的痛苦，同行业中的关键人物表是非常有帮助的。
>
> **注意：** 客户概况也可以加上该公司的客户计划、客户关系管理资料这类信息。许多第三方机构也能够为你提供有关客户的最新信息。这份完整的客户概况是你参与一个机会之前必须掌握的最起码的信息。

　　客户概况可以根据需要来确定其长度和精确度，你可以以六个关键领域的内容为基础，来创建客户概况。

客户概况核查表

- **公司背景**。包括组织的名称及其主要业务的简要介绍，也可以包括组织的服务宗旨和最近的年报中的重要资料。
- **产品或服务**。介绍组织的每项主要产品或服务，并突出其具有独特市场价值的与众不同之处。
- **市场状况分析**。提供组织在市场中位置的相关数据，包括在市场中占有的份额、年收入、市场地位、市场模式及该组织的成熟度等。
- **财务状况简介**。记录下资产负债表和损益表中的关键信息，看是否能从任何市场模式或过去的业绩中了解组织获得产品或服务的情况。
- **竞争对手情况**。列出组织主要竞争对手，说明从公平的市场角度看，该组织与竞争对手相比的优劣情况及竞争对手通常采用的竞争策略。
- **高层主管背景，包括其面临的潜在问题**。介绍组织高层主管的学历、工作经历、以往的成绩、与其他组织的联盟及关系情况，此外记录下他们面临的有可能为你提供新机会的潜在痛苦。
- ❑ **需要的潜在能力**。列出可能帮助客户解决潜在痛苦（若确实存在）的产品或服务。

现在对于销售组织而言，获得信息比以前任何时候都容易。要着手建立客户概况，可以从多种渠道获得信息。下面我仅列出了其中几个，有些网上信息需要订阅后才可以获得。

客户概况信息来源

- 年报。通常年报可以在组织的主页上查到，年报中董事长的公开信和财务概要中，都会有对来年（或未来几年）的描述和期望，这能够暗示许多潜在的行动计划及其可能产生的问题。

- 《巴伦周刊》或巴伦在线（www.barrons.com）。这是道·琼斯公司主办的商业与金融周报，它同时还会提供一些有用的研究方面的信息。

- 胡佛在线（www.hoovers.com）。它主要提供公司的简介和其他一些信息，如财务信息、组织高层、行业相关新闻、竞争对手情况、财务状况排名及公司的分支机构。这对于创建客户概况所需要的基本内容是一个非常好的信息源。

- MSN 商务在线（www.msnbc.com）。该网站提供了许多组织信息和新闻文章，在世界各地都能搜索到。

- OneSource（www.onesource.com）。该网站可以说是提供公开募股组织和私人组织详细信息的唯一渠道，这也是查找客户概况的准确信息的一个非常好的信息源。

- 标准普尔组织（www.standardandpoors.com）。该网站用世

界上多种语言提供世界各地组织的财务信息，有的财务信息包括信用评级、资产研究、全球经济指数，另外还提供了关于世界大事对财务状况影响的一些文章。
- 美国证券交易委员会（www.see.gov）。它主要提供从1993年到现在的公司的上市公告。
- 行业协会和行业期刊。
- 公司的投资者关系部门。

在自己创建客户概况之前先看下面的客户概况范例。

客户概况范例

公司背景
Titan Games（TGI）公司已有 20 年的历史，生产教育、娱乐游戏、玩具，其产品销往世界各地。
产品或服务
TGI 生产一系列教育、娱乐游戏、玩具产品，所有产品都得到该领域前沿专家的认可。其产品的一个主要特色是符合功效学的设计。
市场状况分析
货架空间的减少导致了市场占有率下降，这又导致销售量下降，从而削弱了组织的竞争力。
财务状况简介
货架空间和市场占有率的下降直接导致销售量的相应下降。利润空间下降，但成本不能在短时间内下降，从而每股收益有较大幅度的下降。
竞争对手情况
该组织有 5 个主要竞争对手，其中 3 个在技术上处于有利地位，可以从 TGI 的弱势中获利。
高层主管背景，包括其面临的潜在问题
组织的首席执行官苏珊·布朗去年在每股收益下降的情况下受聘来扭转局面。 组织财务副总裁吉姆·史密斯已在 TGI 工作了 5 年，由于未能实现收入目标而且信用坏账成本不断增加，他目前不能有效提高组织收益。 销售和市场副总裁史蒂夫·琼斯负责提高组织收入，由于技术方面的限制，他和他的销售团队花费了大量的时间服务现有客户，而不是开发新客户。首席信息官约翰·瓦金斯负责解决组织技术方面的问题。
需要的潜在能力
TGI 公司看起来需要一种方法使现有客户能够在网上直接订购，以使销售人员能有更多时间开发新客户。

练习：建立客户概况文件

活动

- 选择一个你希望了解或者帮助的客户。
- 查找该客户的一些最新资料。
- 完成下面的客户概况模板。

客户概况模板

公司背景

产品或服务

市场状况分析

财务状况简介

竞争对手情况

高层主管背景,包括其面临的潜在问题

需要的潜在能力

通过客户概况，确定关键人物及其面临的痛苦，能帮助你看清每个人的痛苦是如何与其他人的痛苦互为因果关系的。现在我们看解决方案销售的另一个基本原则。

痛苦会遍及全公司

痛苦先是由个人感觉到的，但其影响面更广，整个组织随后都会感觉到。这是因为组织内部各部门之间是高度依存的，一个部门员工的活动、士气和业绩都会影响到整个组织，一个员工的痛苦成了导致另一个员工痛苦的原因。所以，如果一个人的痛苦得到解决，其他人也会受益。

首先要认识到工作中的这些关系，然后确定如何帮助相关的个人。这种因果关系又称为组织内部相互依存关系。

信息技术总监
"我不能向市场营销副总裁提供市场数据。"

市场营销副总裁
"我不能开展有效的促销活动来生成销售线索。"

销售副总裁
"由于缺乏销售线索，销售收入下降。"

财务副总裁
"由于销售收入下降，导致了利润率下降。"

用来描述组织内部相互依存关系的辅助工具是痛苦链，它说明各个痛苦是如何影响整个组织的。

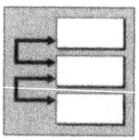 痛 苦 链

概述

痛苦链是用图示表示的组织内部多个关键业务问题之间的因果关系，它包括职位信息、相对应的问题，以及问题产生的原因。

何处使用、如何使用

痛苦链在拜访前规划和研究阶段使用，它能使你更好地了解潜在客户内部的相互依存关系。

另外，在会见潜在客户后，验证了你最初的想法。你可以根据最新发现，修改最初设计的痛苦链。在销售周期中，与客户交流这些信息有助于进一步加深信任关系。

应达到的效果

一个完整的痛苦链能够使客户更好地了解自己的业务。

需要的信息

要建立痛苦链，你必须了解该组织的关键人物所面临的问题及导致问题的原因。

痛苦链示例

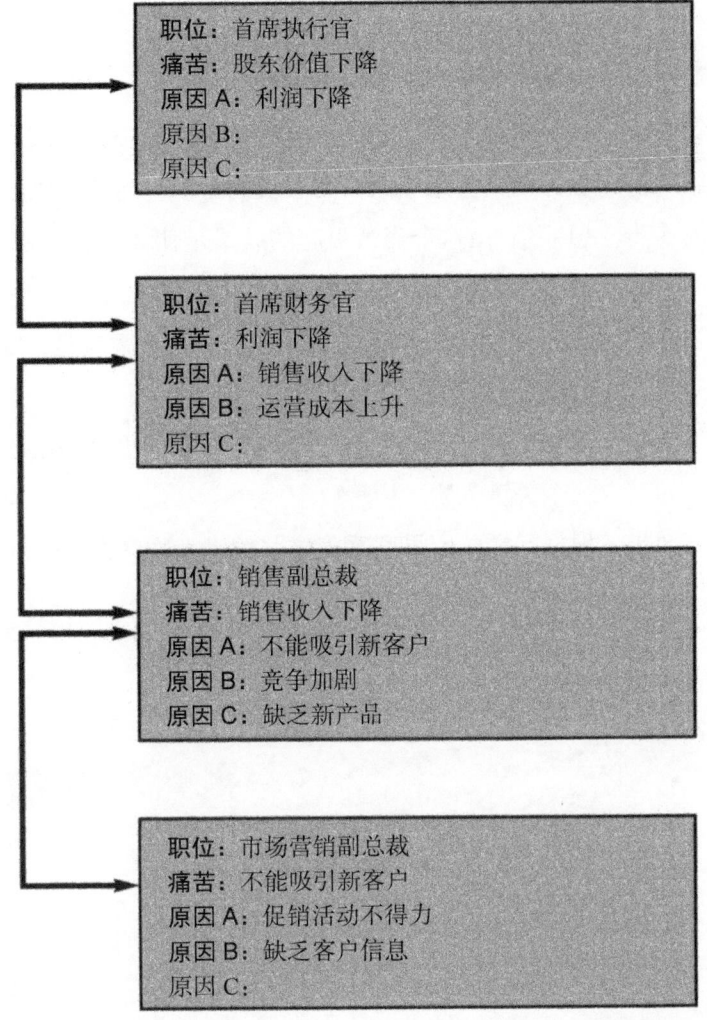

如果你在拜访前规划和研究阶段已经准备好了这个痛苦链，那么在销售周期中就要检查并完善这些信息。在和潜在客户交流之前就完成痛苦链，是与之进一步交流的基础。

下面说明建立痛苦链的 8 个基本步骤。

如何建立痛苦链

第1步　确定一个职位，作为机会的切入点。

第2步　列出该职位面临的一个首要痛苦。

第3步　记录下你的产品或服务能够解决的痛苦及原因。

第4步　确保该痛苦是导致更高层次的另一个痛苦的原因。

第5步　想一想"由这个痛苦引起的后果是什么"，答案就是，另一个关键人员面临的痛苦。

第6步　想一想"谁应该对这个问题负责"，答案就是，另一个职位的关键人物。

第7步　重复第4步到第6步，把痛苦链引向更高一层的另一个关键人物。

第8步　根据问题的因果联系将这些关键人物联系起来。

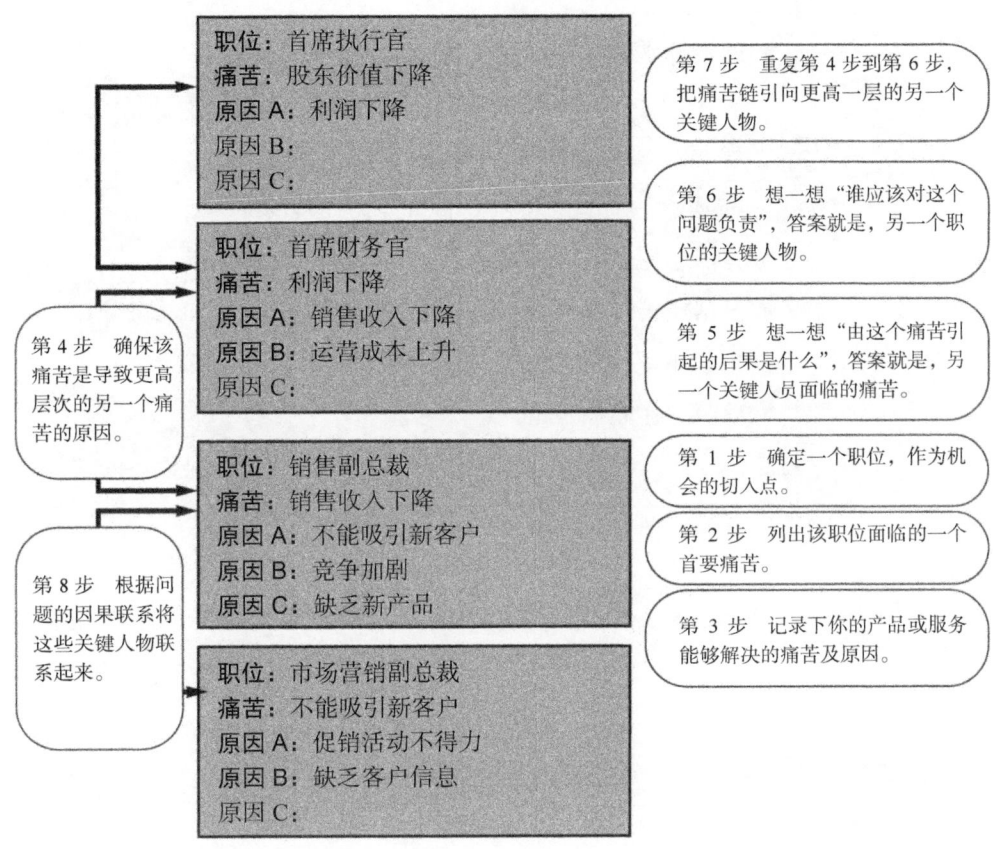

一旦有了初步的痛苦链，你就可以开始构思一个行动计划，以帮你确定：

- 哪个职位是你尝试激发兴趣的最佳人选；
- 该职位是否有可能是权力支持者；
- 你应采取什么样的业务发展策略（用以激发目标职位上的关键人物的兴趣的方法）。

> **练习：建立自己的痛苦链**
>
> **活动**
>
> - 确定你在典型的销售周期中有可能遇到的特定客户（以职位划分）所面临的痛苦，以及导致痛苦的主要原因。参照本章前面的"练习：发现潜在痛苦（1）"中你记录的其中一个职位和相应的痛苦，开始这个活动。
> - 将信息记录在下面的痛苦链模板的一个方框中。
> - 根据痛苦产生的原因，把痛苦向痛苦链上下两端延伸，把该组织受痛苦影响的 3 个职位包括进来。
> - 参照"建立痛苦链的 8 个步骤"。
>
> **注意：** 你可以参照本章前面的痛苦检查表，以确保你对痛苦链中每个层次痛苦的表述准确无误。

痛苦链模板

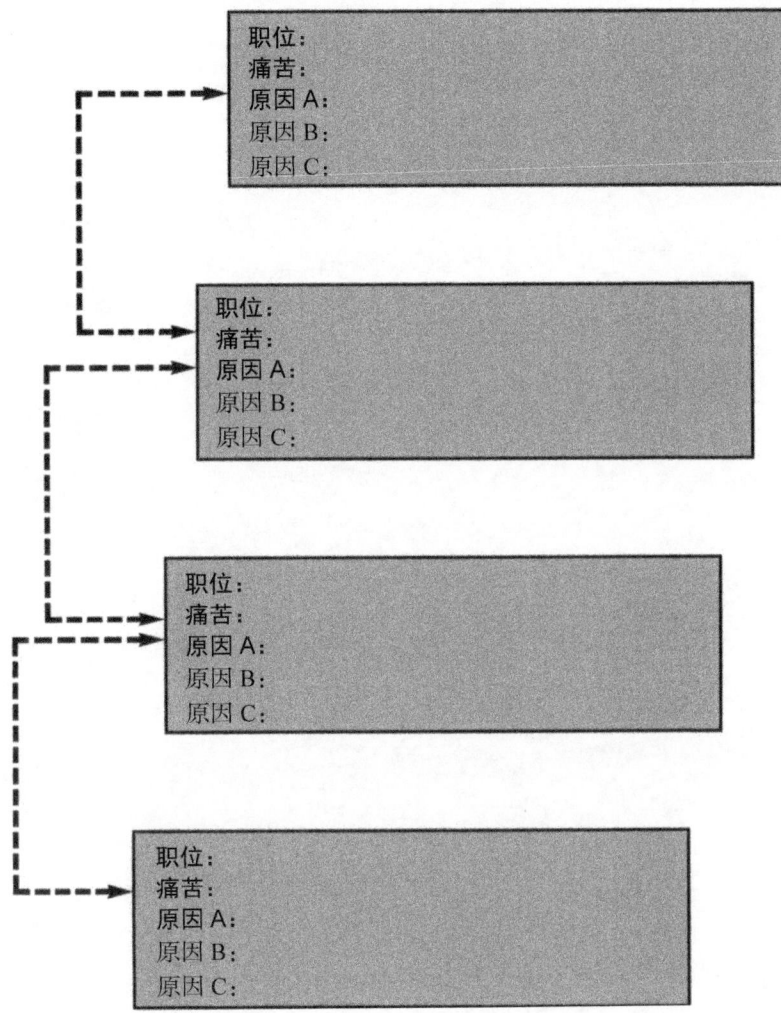

小结

正如本章一开始提到的,成功销售取决于有效的拜访前规划和研究。希望这些潜在痛苦的练习、辅助工具和信息资源能够激励你在拜访客户前的规划上多下功夫,从而提高自己销售成功的概率。

第4章
如何激发潜在客户的兴趣

为什么激发潜在客户的兴趣很重要?

激发兴趣的能力是销售和市场营销专业人员最基本的素质,那些不具备这种能力的人总是觉得自己的销售漏斗中客户数量不够。与激发潜在客户的兴趣同样重要的是业务的持续成功,对每个从业人员来说,持续成功一直都是一个巨大的挑战。

SPI曾委托专业调查机构Equation Research调查销售人员经常面临的最大工作挑战。调查显示,一半以上接受调查的人都称,"探索新机会"是他们成功的最大障碍之一。

许多销售人员都讨厌"探索"这个词,他们冠之以各种不同的名称——业务发展(Business Development)、兴趣创造(Interest Creation)、产生需求(Demand Generation)。一提到"探索"这个词,他们就感到不舒服。

这些人之所以把"探索"看作一种挑战,通常是因为以下4个因素中的某一个。

1. 他们没有首先给"探索"一个合适的定义。"探索"应该被理解为创造和激发兴趣的能力。如果给客户打电话问:

"你打算买我卖的东西吗?"这不是在激发兴趣,而是在做调查。

2. 他们忘记了"痛则思变,没有痛苦就没有改变"。他们没有把目标对准潜在客户的潜在痛苦,而是集中在销售自己的产品或服务上。

3. 他们营造的是紧张气氛,而不是兴趣。如果他们的目标仅仅是销售产品而不是赢得和对方进行交流的机会,这会给双方都带来不信任和不愉快。

4. 他们害怕遭到拒绝。如果销售人员能避免以上提到的 3 个因素,某些拒绝情况将会消失。拒绝情况的发生与销售的区域有关,不是所有的潜在客户都会对你的信息或产品服务感兴趣。

本章介绍一些基本原则、练习和辅助工具,帮助你提供针对客户痛苦的信息,从而创造和激发客户的兴趣。解决方案销售的辅助工具有下面 4 个。

业务发展提示卡　　业务发展信函　　参考案例　　(初始)价值主张

在开始激发兴趣之前,有必要先了解客户不同层次的需求。

客户需求可分为三个层次

你会发现,客户处于三个不同层次需求中的某一层次上。通过了解客户的需求层次,你可以确定开发机会的最佳策略。

第一层次:潜在痛苦。此层次上的客户没有积极尝试解决问题,甚至没有意识到存在可能的解决方法。这类客户可能先前曾尝试解决问题,但没有成功,所以借口其他解决方案成本太高、太复杂或太冒险。还有一些情况是客户根本没有意识到痛苦的存在。

第二层次:承认痛苦。客户愿意讨论痛苦、困难,以及对现状的不满。客户承认痛苦的存在,但是不知道如何解决。

第三层次:解决方案构想。客户承认有痛苦,认识到有责任解决问题,能够想象出解决方案的细节,并且明白解决方案如何解决问题。

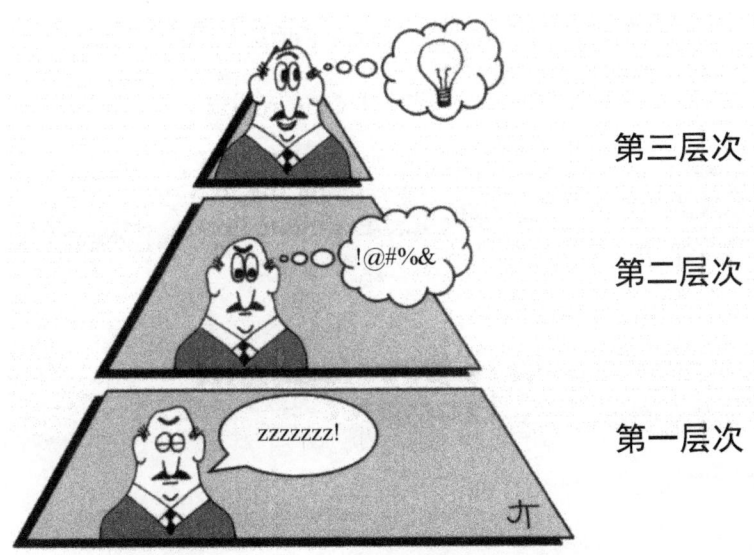

要想激发潜在客户的兴趣,必须把痛苦纳入你的信息中。本章介绍一些有用的辅助工具,帮你有效激发客户的兴趣。无论你是使用这些辅助工具还是自制辅助工具,都应考虑你的方法是否符合下面的业务发展检查表。

业务发展检查表

你最初向潜在客户传达的信息：
- ❏ 能否在不到 30 秒的时间内表述清楚？
- ❏ 能否避免让人感觉像在背台词或不真诚？
- ❏ 能否针对潜在客户可能存在的痛苦或与之相关？
- ❏ 能否暗示你曾帮助潜在客户的某个同行解决了类似的问题？
- ❏ 能否避免对你公司的历史进行详细描述？
- ❏ 能否避免对你公司的产品或服务进行详细描述？
- ❏ 能否避免推销措辞或要求安排会面的措辞？
- ❏ 能否避免让潜在客户承认自身不存在的痛苦？

为帮助你准备能够激发潜在客户兴趣的有效信息，我们建议你使用下面的解决方案销售辅助工具——**业务发展提示卡**和相关的信函或电子邮件。

 ## 业务发展提示卡

概述

业务发展提示卡是一个非常简要、目标明确的文稿，能够帮助你提高激发客户兴趣的成功率。

何处使用、如何使用

业务发展提示卡通常用于通过电话开始与潜在客户接触的情形，其目的是激发潜在客户的兴趣，使其希望进一步了解你所提供的产品和服务。该提示卡可以根据不同情形进行修改，但一般都应该包括以下要素：

- 你的姓名。
- 你公司的名称。
- 目标行业。
- 从事该行业的年限。
- 介绍与潜在客户从事相同或者相似行业、职位或职责与之相似的其他人经历的痛苦。
- 一个能够在 30 秒表达清楚信息的简明框架。

应达到的效果

使用业务发展提示卡的目的是让客户产生足够的兴趣，使他们希望预约再次见面或者继续了解某个同行是如何解决类似或相同痛苦的。

需要的信息

要设计业务发展提示卡，需要了解你或者你的公司是如何帮助目标行业的其他客户（以职位划分）解决类似问题的。此外，客户的成功参考案例和关键人物表也是有用的信息。

注意： 针对新的潜在客户设计的业务发展提示卡，可以修改成强调痛苦菜单的方式、强调客户推荐的方式等不同的形式。业务发展提示卡中的关键要素也可以应用在书面信函中。详见后面的业务发展信函或电子邮件。

业务发展提示卡范例

新机会选项

　　我叫<u>比尔·哈特</u>[销售人员姓名]，在_____[销售公司名称]工作。虽然你我以前不曾交谈过，但是我们与<u>制造业公司</u>[目标行业]合作已有<u>20</u>（年数）年了。（最近）我们从其他<u>销售经理</u>[职位名称]那里听说，他们目前面临的一个主要（困难）是<u>不能实现收入目标</u>[职位可能存在的痛苦]。

　　我们已经帮助客户解决了这一问题，你想知道是怎样解决的吗？

痛苦菜单选项

　　我叫<u>比尔·哈特</u>[销售人员姓名]在_____[销售公司名称]工作。虽然你我以前不曾交谈过，但是我们与<u>制造业公司</u>[目标行业]合作已有<u>20</u>（年数）年了。最近我们从其他<u>销售经理</u>[职位名称]那里听说他们面临的3个主要（痛苦）是：

　　（1）<u>未能实现收入目标</u>；
　　（2）<u>销售成本增加</u>；
　　（3）<u>不能准确预测销售收入</u>。
　　[职位最可能遇到的3个痛苦。]

　　我们已经帮助过一些公司，像 <u>Warstler 玩具公司、计算机世界公司、HandyMan 工具公司</u>[3个参照公司]解决了上述某些痛苦。你想知道是怎样解决的吗？

客户推荐选项

　　我叫<u>比尔·哈特</u>[销售人员姓名]，在_____[销售公司名称]工作。虽然你我以前不曾交谈过，但是 <u>Warstler 玩具公司的销售副总裁桑德拉·艾伯森</u>[推荐人所在的公司名称、职位、姓名]建议我给你打电话。

　　我们帮助她解决了<u>不能实现收入目标问题（原因在于其手下的销售人员做了太多客户服务的工作</u>。[推荐人的痛苦。]你想知道是怎样解决的吗？

业务发展信函

概述

业务发展信函类似于业务发展提示卡，它是一种能有效激发兴趣的书信或电子邮件，使潜在客户从没意识到痛苦转变到承认痛苦。

何处使用、如何使用

业务发展信函用于通过邮件激发兴趣，其目的是激发潜在客户的兴趣，使他们希望了解你的产品和服务。

应达到的效果

业务发展信函应该使潜在客户从不关注到关注，并激发他们足够的兴趣，使他们为获取更多的信息主动与你或者你的公司接触。作为整个业务发展策略的一部分，你可以给客户邮寄业务发展信函（或电子邮件），之后给他们打电话，说明业务发展提示卡中的主要内容。

需要的信息

撰写业务发展信函，你必须有第三方公司及你在该公司已结案的成功参考案例。信函应该包括以下内容：

- 就你的公司的核心能力可带来的成果进行陈述。
- 强调公司在目标行业中成熟的经验。
- 客户可能遇到的、发生频率较高的多种问题进行描述。
- 征得客户同意，使其公司名称可以出现在参考案例中。

业务发展信函范例

亲爱的斯蒂夫[潜在客户]：

　　我公司的业务是通过大量减少多余的、用于人工操作的相关销售活动时间，来帮助客户实现甚至超过他们预期的销售目标，同时控制操作成本。["我们帮助"这一主题描述公司定位。]

　　在过去20年[年数]的时间里我们一直与制造业[行业]公司合作。

　　我们的客户包括[3个第三方参考公司]：

（1）Warstler玩具公司；

（2）计算机世界公司；

（3）HandyMan工具公司。

　　我们从他们那里了解到的主要问题是（3个主要的潜在问题）：

（1）未能实现收入目标；

（2）销售成本增加；

（3）不能准确预测销售收入。

　　我们已经成功地帮助客户解决了这些问题及其他一些问题，我希望有机会能向你介绍这些案例。如果你希望了解我们是如何帮助其他销售副总裁[职位]解决这些具有挑战性的问题的，请致电＿＿＿＿＿＿[电话号码]，我们将为您提供更多的信息。

　　祝好！

　　　　　　　　　　　　　　　　　　比尔·哈特[销售人员的名字]

练习：创建业务发展提示卡

活动

- 使用下面的业务发展提示卡模板。
- 根据业务发展提示卡模板中的项目填写相应内容，内容要针对某个你还未拜访过，但计划要把其作为目标开发对象的潜在客户。

- 参照第 3 章中的"练习：发现潜在痛苦（1）"和你填写的内容，确定一个职位和相对应的潜在痛苦，以此为基础填写业务发展提示卡模板。

业务发展提示卡模板

新机会选项

我叫____[你的姓名]，在____[你所在公司的名称]工作。虽然你我以前不曾交谈过，但是我们与____[目标行业]合作已有____（年数）年了。（最近）我们从其他____[职位]那里听说，他们目前面临的一个主要（困难）是____[职位可能存在的痛苦]。

我们已经帮助客户解决了这一问题，你想知道是怎样解决的吗？

痛苦菜单选项

我叫____[你的姓名]，在____[你所在公司的名称]工作。虽然你我以前不曾交谈过，但是我们与____[目标行业]合作已有____（年数）年了。最近我们从其他____[职位]那里听说他们面临的3个主要（痛苦）是：

(1) ____。
(2) ____。
(3) ____。

[职位最可能遇到的3个痛苦。]

我们已经帮助过一些公司像____、____和____[3个参考公司]解决了上述某些问题。你想知道是怎样解决的吗？

客户推荐选项

我叫____[你的姓名]，在____[你所在公司的名称]工作。虽然你我以前不曾交谈过，但是____的____[推荐人的公司名称、职位、姓名]建议我给你打电话。

我们帮助他解决了____。[推荐人的痛苦]

你想知道是怎样解决的吗？

练习：创建业务发展信函

活动

- 使用下面提供的业务发展信函模板。
- 创建一份能够替代业务发展提示卡或者能与之一起使用的业务发展信函。
- 从本章前面"练习：创建业务发展提示卡"中选择一个已经填写完整的模板，以此作为依据填写下面的信函模板。

业务发展信函模板

亲爱的＿＿＿＿＿＿［潜在客户］：

　　我公司的业务是帮助客户＿＿＿＿＿＿＿＿。［用"我们帮助"这一主题描述公司定位。］

　　在过去＿＿＿＿［年数］的时间里我们一直与＿＿＿＿＿［行业］合作。

　　我们的客户包括［3个参考客户公司］：

＿＿＿＿＿＿＿＿＿＿＿＿＿＿＿＿＿＿＿

＿＿＿＿＿＿＿＿＿＿＿＿＿＿＿＿＿＿＿

＿＿＿＿＿＿＿＿＿＿＿＿＿＿＿＿＿＿＿

　　我们从他们那里了解到的主要问题是［3个主要的潜在痛苦］：

＿＿＿＿＿＿＿＿＿＿＿＿＿＿＿＿＿＿＿

＿＿＿＿＿＿＿＿＿＿＿＿＿＿＿＿＿＿＿

＿＿＿＿＿＿＿＿＿＿＿＿＿＿＿＿＿＿＿

　　我们已经成功地帮助客户解决了这些问题及其他一些问题，我希望有机会能向你介绍这些案例。如果你希望了解我们是如何帮助其他＿＿＿＿＿＿［职位］解决这些具有挑战性的问题的，请致电＿＿＿＿＿＿［电话号码］，我们将为您提供更多的信息。

　　祝好！

＿＿＿＿＿＿＿［销售人员的名字］

　　正如业务发展检查表中所显示的，有效激发兴趣的信息均以解决问题为中心。如果你能在此基础上讲述你是怎样帮助潜在客户的同行解决相似问题的，或者至少解决了与潜在客户相关的问题，那样你的说服力就会大大增强。

以问题换问题

设想如下场景:你和你的爱人参加一个社交聚会,你们和刚认识的一对夫妇开始交谈起来。话题自然转到家庭上。他们谈到他们的孩子最近在学校表现不是很好,他们说孩子上学迟到了好几次,不能按时完成作业而且上课时总是说话,为此遭到老师的批评。

如果这对夫妇同你讲这类经历,你们会做出什么样的反应?

如果你们的经历和这对夫妇有一点相似的话,你们会讲一个类似的或更糟的经历。人们听到这种事情的自然反应就是再讲一个自己的经历。

现在,想象一下,同样在一个聚会上,如果一个陌生人走向你们,直接问道:"你们有不听话的孩子吗?"你会有什么样的反应?

这乍听起来可能有点荒唐,但销售人员过早地让潜在客户承认痛苦,实质上是同一种做法。为了让潜在客户谈论痛苦,你必须先讲痛苦给他听。把之前客户的经历作为参考案例,是建立信任关系和以问题换问题的有效途径。

 **参考案例**

概述

参考案例是一个能够给你提供会话提示的销售辅助工具,有助于激发潜在客户的兴趣、建立信任关系,并使其承认存在的痛苦。它给你提供了一个机会,向潜在客户讲述其同行的一个具体的故事,说明你的公司是如何帮助类似的潜在客户解决他们的问题的。

何处使用、如何使用

参考案例是一种提示工具，而不是固定的说话脚本。它通常在解决方案销售流程的激发兴趣阶段使用，但它也能在销售的其他阶段有效使用，帮助你获得客户的信任、引导客户承认问题和证明解决方案的有效性。

应达到的效果

参考案例的成功使用能够使：

- 潜在客户轻松承认存在的痛苦。
- 潜在客户透露他已经有解决方案构想。
- 潜在客户对你建立足够的信任，使你有机会和潜在客户进一步交谈。

需要的信息

要建立一个参考案例，你必须有先前成功的案例，并且有可衡量的结果。

注意：最好按照目标行业和目标职位分类建立一个参考案例数据库。一旦有客户承认因你的销售取得了成效，就将案例加进数据库。

参考案例模板和格式

情况	客户的职位和从事的行业。
痛苦	上述职位所面临的痛苦。
原因	偏向你产品或服务的一个或多个原因。
能力 何时、谁、做什么	以客户自己的话表述业务情况、关键人物和解决问题所需要的特定能力。用下列方式:"他说他们需要一种办法来……"
我们提供	如果"解决方案"描述准确的话,只需要说:"我们为他们提供了那些能力。"
结果	数据是说明问题最好的方法(用金额或百分比表示),结果应当是解决了问题。

参考案例范例

情况	销售副总裁,制造业。
痛苦	未能实现新客户销售收入目标。
原因	他的客户需要通过销售人员进行货物订购,销售人员把所有时间都用在服务现有客户上,没有时间来开发新客户。
能力	他说他们需要一种办法来……
(何时)	在希望订购的时候。
(谁)	现有客户。
(做什么)	能够直接通过网络进行订购,使销售人员有足够的时间来开发新客户。
我们提供	给他这些能力。
结果	在过去6个月的时间里,现有客户中96%的订单实现了网上订购。其销售团队的客户增长10%,总体销售收入增长6%。

何时可以使用参考案例

1. 在传达了业务发展提示卡中的信息之后。在传达了最初的信息之后,你接下来就要问:"你想知道是怎样解决的吗?"许多潜在客户会很好奇,希望了解更多信息。他们甚至会询问你提到的客户的情况。这样就在很自然的交谈中把话题引向参考案例中的内容。

2. 作为在第一次打电话或见面时介绍内容的一部分。作为谈话目的的一部分,我建议你应该说你愿意给潜在客户讲述在该行业中你服务过的另一个客户的情况。

3. 作为某种证据。通常潜在客户在做购买决定之前,需要了解可以证明你们能力或价值的某种形式的证据。参考案例可作为一种非常有说服力、非常便利的证据,讲给潜在客户听。这有可能很自然地引起你的成功客户和潜在客户之间的一次会谈。

参考案例检查表

参考案例是:
- ❏ 真实的?
- ❏ 包含可衡量的结果?
- ❏ 简明、不冗长的案例?
- ❏ 能够作为故事来讲述,而非乏味的陈词滥调?
- ❏ 以客户为中心,而不是以"我卖的产品"为中心?
- ❏ 避免暗示潜在客户有完全一样的问题?
- ❏ 避免在没有得到你参考的客户允许的情况下,泄露其任何机密?

注意:回顾你或你的公司正在使用的一系列成功案例,按照解决方案销售参考案例的形式进行整理。

练习：创建参考案例

场景

　　潜在客户了解了业务发展提示卡或者业务发展信函的内容之后，通常希望具体了解你是如何帮助有类似情况的客户的。你应该准备好用参考案例的形式回答。

活动

- 使用下面的模板创建参考案例。
- 把它与你先前撰写的业务发展提示卡和信函的情况联系起来。
- 包含一个可衡量的结果（此结果为真实客户成功解决相关痛苦后产生的结果）。

参考案例模板

情况	_____
痛苦	_____
	_____
原因	_____
	_____
能力	他们说需要一种办法来……
何时、谁、做什么	_____
	_____
	_____
我们提供	"我们给他们提供了这些能力。"
结果	_____
	_____

你觉得在参考案例的六个要素中哪个最具有说服力？

我最常听到的答案是"结果"这一要素。可量化的结果之所以有说服力，是因为它是人们所希望的。

参考案例有助于激发兴趣、建立信任关系和提供证据材料，下面再介绍一个更好用的解决方案销售的辅助工具：价值主张（Value Proposition）。

正确理解价值主张

在当今过度使用商业用语和商业广告的情况下，一听到价值主张这个词，许多人不是转动眼珠，就是唉声叹气。价值主张这个时髦用语，使用太过频繁，以至于对我们许多人来说，这个词已失去了它的意义。

解决方案销售对待价值主张的方式是独特的，如果合理加以利用，价值主张就能成为一种极其有效的、可激发兴趣的方法。当向潜在客户表述价值主张时，必须遵循如下三条指导原则。

1. **价值主张不能是"没有价值"的价值主张。**对价值最好的理解应该是价值等于收益减去成本。因此一个真正的价值主张必须说明潜在客户可获得的可量化收益及潜在客户需要进行的投资额。
2. **价值主张应当有针对性。**大多数所谓的价值主张并不是关于价值的主张，而经常是关于一般收益的陈述。你的价值主张应当具体，应当针对你的目标对象或谈话对象所遇到的相关问题。
3. **你表述的价值主张应当是自己相信的价值主张。**如果连你都不相信你能提供的价值，更何况潜在客户呢？

 价 值 主 张

概述

　　价值主张是对潜在客户通过使用你公司的能力，预计应获得的、可量化的收益的表述，其目的是要激发兴趣并促使潜在客户开始对你公司的能力进行评价。

何处使用、如何使用

　　价值主张可在任何时间或任何地点对潜在客户使用，为激发兴趣而使用的情况最为普遍。当兴趣被激发出来后，价值主张就成了你和潜在客户合作的基点。当客户产生兴趣以后，通常接下来要做的是验证或者修改最初的预测。

应达到的效果

　　价值主张应当帮助你激发潜在客户的兴趣并建立对你和公司的信任。

需要的信息

　　为创建价值主张，你必须掌握现有客户已经获得的结果和价值的详情。你还需要了解目标潜在客户具体的基准信息。客户参考案例获得的结果为你进行推论提供了很好的数据来源。第三方信息源，如 OneSource 信息服务公司，就潜在客户的业务提供了很好的基准信息。

价值主张模板和范例

我们相信 <u>TGI 公司</u>［潜在客户公司名称］

通过投资约 <u>115 万美元</u>［用美元表示的潜在客户的相关投资额］

<u>实施电子商务</u>

［描述主要能力或产品服务实现方式］<u>让客户自行订购，使销售人员有更多的时间开发新客户。</u>

［描述主要益处］<u>销售收入</u>

［描述所要解决的问题或须改进的方面］每年应该能以 <u>10%</u> 的速度增长

（每年收入增长 1 000 万美元或利润增长 320 万美元）。

［用百分比或金额表示。］

价值主张的假设：

- 基于其他客户的可衡量结果，实施我们的电子商务能力后，一般情况下收入增长 10%。
- 对于此规模的公司来说，一般一次性投资 100 万美元，之后每年投资 7.5 万美元。
- 研究基于 TGI 公司的毛利润率（32%）和每年销售收入（1 亿美元）。

>  在价值主张范例中,利润和投资都以美元计算,任何规模的公司都能够也应当创建相应的价值主张,最为重要的一点是,潜在的收益确保了所需的投资是值得的。

> **练习:创建价值主张**
>
> **注意:** 根据虚拟的情境建立一个价值主张,为你在实际应用之前提供一个练习这个技能的机会。
>
> **活动**
> - 阅读潜在客户公司第二国家银行(Second National Bank)的概况。
> - 从成功的客户——第三租赁银行(Third Charter Bank),推断结果,以帮助你建立对第二国家银行的价值主张。
> - 阅读第三租赁银行的概况,包括所做的假设。
> - 在建立价值主张时,记录所有所做的假设。
> - 使用下面的价值主张模板。

成功的客户——第三租赁银行

你的销售团队致力于为客户提供网上销售工具和提示工具。你们已成功地帮助第三租赁银行的电话销售渠道安装了网上销售工具和提示工具。

- 第三租赁银行年收入约为3亿美元,其中50%来自银行的零售业务。
- 零售业务部的执行副总裁对你说,他们需要的能力是,电话销售人员与客户通话时能够查阅特定客户账户记录,提示电话销售人员进行追加销售(UP-sell)和交叉销售(Cross-sell),同时也为电话销售人员提供有具体针对性的谈话脚本，帮助其与客户进行评估和结案阶段的对话。
- 使用所有这些能力需要 80.5 万美元的投资：
  - 电话中心的两个服务器及配套设备为 8 万美元×2=16 万美元；两个电话中心花费为 32 万美元。
  - 总体软件包（企业级许可证）为 47.5 万美元。
  - 执行服务费 1 000 美元/天，5 天两个交易中心的费用为 1 000 美元/天×5 天×2=10 000 美元。
- 使用 6 个月以后的效果是，这些能力帮助电话销售的零售业务增长了 6 倍（由 1%的成功率增长到 6%）。这使得银行总体零售业务增长 10%或 1 500 万美元。

概况：潜在客户——第二国家银行

概况和假设。

通过拜访前规划和研究，你确信网上菜单和提示能使第二国家银行大大受益。

- 目前的电话销售成功率不清楚。
- 第二国家银行公司年报显示，其年收入约为 5 亿美元，其中 40%来自银行零售业务。
- 第二国家银行雇用的电话销售人员数与第三租赁银行相同，但他们都集中在一个电话中心。

价值主张模板

我们相信<u>第二国家银行</u>［潜在客户公司名称］
通过投资约＿＿＿＿＿＿＿＿＿＿＿＿［潜在客户的相关投资额］
＿＿＿＿＿＿＿＿＿＿＿＿＿［描述主要能力或产品服务实现方式］，
＿＿＿＿＿＿＿＿＿＿＿＿＿［描述主要益处］
＿＿＿＿＿＿＿＿＿＿＿＿＿［描述所要解决的问题或改进的方面］
每年应该能以＿＿＿＿＿＿＿的速度增长［以百分比或金额表示］。
价值主张的假设：   ■ 电话销售成功率相同。   ■   ■

答案：我们相信第二国家银行通过投资约 64 万美元，使用我们的网上销售工具和提示菜单，能使电话销售人员更好地进行追加销售、交叉销售并做成生意，银行零售每年应该能以 10%或 2 000 万美元的速度增长。价值主张的假设——电话销售成功率相同，年增长率也为 10%。

练习：创建自己的价值主张

活动

■ 使用下列价值主张工作表创建自己的价值主张。

- 从成功客户的案例中确定你认为对建立自己的价值主张很重要的事实或主要数据，如组织规模、年收入、员工人数、利润率等。在前面建立参考案例时你可能已用到了其中几方面的资料。
- 确定并记录所做的假设。
- 从以前成功客户推测结果并将之套用于潜在客户的公司。
- 使用价值主张模板记录你的价值主张。

价值主张工作表

成功客户的事实
对目标客户公司的最初假设
推论

价值主张模板

我们相信_____ ［潜在客户公司名称］

通过投资约_____ ［潜在客户的相关投资额］

_____ ［描述主要能力或产品服务实现方式］，

_____ ［描述主要益处］

_____ ［描述所要解决的问题或改进的方面］

每年应该能以_____的速度增长 ［以百分比或金额表示］。

价值主张的假设：
-
-
-

小结

好的业务发展方法的关键是，不要把重点放在产品或服务上，而要放在你们公司如何帮助解决了与潜在客户面临的痛苦相似的痛苦上。如果你使用的业务发展方法不能激发某个潜在客户的兴趣，那么请记住以下的"SW 原则"（So What）：

有的感兴趣，有的不感兴趣，那又怎样？还有别人在等着呢！

天涯何处无芳草。如果某个人对你的信息不感兴趣，那么去找别的感兴趣的人。

第 5 章
帮助潜在客户承认痛苦

如何帮助潜在客户承认痛苦？

成功销售的一个关键因素就是，准确地找出能促使销售成功的痛苦。幸运的是，当潜在客户的痛苦比较严重时，发现它并不难。这就好像你在痛得厉害时去看医生，你会毫不迟疑地承认身体的不适，并尽可能详细地告诉医生你的状况。当处于痛苦之中时，人们希望减轻痛苦。

当潜在客户的问题并不十分严重时，对你而言便是一种挑战。存在潜在问题的客户可能并没有意识到问题的严重性，或者他们借口自己无能为力。像这样的情况，让潜在客户承认他们的痛苦就不容易了。

在解决方案销售中，我们建立了一套结构化销售拜访模型，帮助你应对这种挑战。这样你就不会像一般的销售拜访那样，漫无目的地和潜在客户展开谈话，指望能建立和谐关系，以博取潜在客户的信任，使其承认痛苦。结构化销售拜访模型可以使你赢得潜在客户的信任，使其承认痛苦。

结构化销售拜访方法如下:

- 初次拜访时要使销售的步骤与客户所做的决定保持一致。
- 确保进行销售拜访或谈话的人值得信任,并能提供价值。
- 使潜在客户自己主动承认痛苦。

本章介绍在结构化初次拜访中引导潜在客户承认其痛苦的原则、练习、辅助工具。解决方案销售的辅助工具是客户拜访提示卡(Strategic Alignment Prompter)。

客户拜访提示卡(第1~3步)

在具体介绍客户拜访提示卡及其具体组成部分之前,先看两个基本原则,它们是实施结构化销售拜访的基础。这两个原则是"人向人购买"(People Buy from People)和"权力向权力购买"(Power Buys from Power)。

 | 人向人购买

假如问你:"人们会从什么样的人那里购买东西呢?"喜欢的人?真诚的人?有能力的人?

在客户看来,这些对于销售人员来说都是很重要的品质——尤其是在初次拜访或初次谈话中。当然,你的竞争对手可能也具备这些品质。要与他人区别开就要明白这一点:人们从授权于他们的人那里购买。这是一种能力,一种能够使客户感到他们控制

着购买过程的能力。

客户拜访提示卡的前几步可使你证明自己是可信任的。

可信（Trustworthiness）=真诚（Sincerity）+能力（Competence）

在整个销售周期中，你必须热衷于给潜在客户授权。

"人向人购买"这个道理很简单。人们不是从建议书、投标书、说明书、广告或者其他诸如此类的东西那里购买，潜在客户希望销售人员通过提升交易的价值，体现出真正的人性化特点。下面这个漫画中的销售就缺乏了人性化特点。

理解力练习

问题

下面的两个人物,你认为哪个是客户,哪个是销售人员?

我对一些人做了调查,绝大多数人说大的是客户,小的是销售人员。我问为什么,答案几乎都是认为大的有钱。我不否认客户通常位于有权力的地位,但是令我非常吃惊的是,有那么多的销售人员低估了他们自己拥有的权力和价值。

权力向权力购买

有权力的人也想从有权力的人那里购买。这里的"权力"和贪婪或傲慢不是一个意思,而是你所应该努力拥有的一种内在的自信和外在的形象。这给客户一种暗示:"我了解你公司的问题,希望我们可以合作,把我的资源用于你的公司,达到一种互利。"

"权力向权力购买"是条双行道。客户和销售人员一样,既不损失权力也不削弱对方的权力。客户更倾向于从那些能掌管公司,在公司内有影响力的销售人员那里购买。相反,客户不愿意从那些显得很无能,说话时一副巴结相,不尊重自己的时间和自己公司资源的销售人员那里购买。

以上介绍了结构化销售拜访的两个基本原则,下面让我们来看看客户拜访提示卡这一工具。

 # 客户拜访提示卡

概述

客户拜访工具一共分为 7 步,从初次拜访或者初次谈话开始,帮助你使自己的销售步骤与客户的购买过程协调一致。

何处使用、如何使用

客户拜访提示卡为你进行初次会面或初次电话拜访提供了一个框架,还可以帮助你确定何时及如何做到以下几点。

1. 建立自然好感。
2. 陈述拜访的目的并提供以下信息。
   - 公司的定位。
   - 拿出事实让潜在客户对你、你的公司及你的产品或服务有一个积极的评价。
   - 讲述一个相关的参考案例。
3. 引导潜在客户承认痛苦。
4. 发展客户的需求。
5. 征求客户同意往下一步进行。
6. 确定潜在客户的购买能力。
7. 协商接触权力支持者,或者与权力支持者评估购买标准和评价标准。

应达到的效果

成功的销售拜访首先应该为你提供向潜在客户表现真诚与能力的机会,进而可以获得继续研究潜在客户情况的机会。通过运用客户拜访提示卡与客户不断达成一致,这会使客户承认他的困境,逐步形成解决方案。

> **需要的信息**
>
> 客户拜访提示卡的第 1 步到第 3 步需要拜访的目的、公司的定位、公司事实及一个参考案例。

本章和接下来的几章将介绍客户拜访提示卡各步骤的运用，在此之前，有几个重要的方面需要注意。

1. "拜访提示卡"只是一个样本，不是百老汇舞台上那些必须一字不差背诵的剧本。
2. "客户拜访提示卡"假设和你交谈的潜在客户不了解你，不了解你的公司，也还没有承认存在的问题。如果实际情况不完全一样，可以根据具体情况制定、调整、删减步骤。
3. "客户拜访提示卡"假设开始时客户的兴趣已经被激发起来。

第 1 步：建立自然好感

许多书中曾写到快速建立友好关系的技巧。可具有讽刺意味的是，友好关系本质上是长时间发展起来的一种关系或一种联系。试图让客户很快就喜欢上你是不真实或者说不现实的。想象一下，由于销售人员过早地试图促成友好关系而表现得非常直率、口无遮拦，那么潜在客户对他的第一印象会怎样呢？

建立友好关系的最好途径就是考虑客户的想法，关注客户的反应，并调整你的行为，确保与客户的心理保持一致。

➪ 在这一阶段客户的想法是什么呢？

客户正在决定要不要听你讲。在拜访过程中，客户可能表面上看上去很友好，很集中精力地听你说，但实际上已经决定抽身。换句话讲，客户看起来在听你说，但思想在别处。

➡ 在这一步，你该采取怎样的行动来与客户保持一致呢？

采取真诚、有礼貌的保守策略，对会面表示感谢，不要刻意去建立友好关系。让潜在客户决定会谈的气氛，这样可以确定他是有意继续轻松愉快的谈话，还是看起来已准备好进行"业务沟通"了。

第 2 步：拜访介绍

➡ 在这一阶段客户的想法是什么呢？

客户试着判断你是否与其他销售人员有所不同。你是否值得信任（真诚和有能力），要不要给你提供进一步交流需要的关键信息。

⇦ 在这一步，你该采取怎样的行动来与客户保持一致呢？

假如在第 1 步中友好关系已经自然形成，并且潜在客户也感受到你确实想帮助他解决业务问题，那么第 2 步的重点就是要展示你的能力。这可以通过下面几个步骤实现。

- 说明拜访目的。
- 说明公司定位。
- 介绍公司及个人情况。
- 讲述相关参考案例。
- 过渡到承认痛苦。

☐ 说明拜访目的

说明拜访的目的，以及你希望进行的会谈议程，这表明你是有明确目的的。如果潜在客户有其他想法，你也需要了解他在想什么。说明拜访目的之后，紧接着告诉对方假如双方没感到有益处，你将不会继续进行。这就等于给了潜在客户一张"出局"的王牌，给他一种自己在控制局面的感觉，同时也有助于减少其不舒适感。

> "今天我想向您介绍我们的公司，以及与我们合作过的另一个____（职位和行业），然后我想了解您和您公司的情况。那时我们可以共同决定是否要继续谈下去。"

❏ 说明公司定位

这时你要就你们是如何帮助客户的，做一个高层次的陈述，所传达的信息要针对谈话对象的职位、职责及可能存在的痛苦。

> "我们公司的业务是通过大量减少多余的用于人工操作的相关销售活动上的时间，帮助客户实现甚至超过他们预期的收入目标,同时控制运营成本。"

❏ 介绍公司及个人情况

介绍公司及个人情况的目的是，通过说明相关的事实使客户对你和你的公司有一个你所预期的结论。不要把它弄成一大串销售的陈述。

> "再向您介绍一些有关我们公司和我的情况。到目前为止，我们与制造业企业合作已经有 25 年之久。我们与《财富》全球 500 强企业中的 50 家合作过。我在我们公司已经工作 20 年了。"

❏ 讲述相关参考案例

这时，你希望潜在客户开始谈论他的痛苦。在这之前，你的目的是与客户建立信任关系，以使其感到向你讲述自己的痛苦很舒服。此时你应该"以问题换问题"，讲述一个相关的参考案例是很有效果的。案例应该讲述潜在客户的一个（在相似行业从事相同或相似工作的）同行如何在你的帮助下解决了存在的痛苦。参考案例应该是在拜访前规划和研究阶段就选定或准备好的。

> "另一家制造业企业的情况您应该会感兴趣。他们的销售副总裁在实现新客户收入目标方面遇到困难，他的困难的原因是＿＿。他说他需要一种办法＿＿。我们给他提供了＿＿。结果他的客户基数增长了10%，总收入增长了6%。"

❏ 过渡到承认痛苦

此时，根据之前提到的拜访目的，你的任务已经完成。你向潜在客户介绍了你和你的公司，也介绍了你公司曾服务过的与潜在客户从事相似行业、职位相似的另一个客户的情况。现在，该把谈话的主动权交给客户了，你可以说："前面我讲了我们公司如何帮助其他客户，现在您能讲讲您和您公司的情况吗？"

这是让潜在客户对参考案例做出反应。

在探讨潜在客户对参考案例可能的反应之前，根据你自己的情况，练习一下拜访介绍的方法。

> **练习：建立拜访介绍（1）**
>
> 活动
>
> - 根据职位和行业确定你的潜在客户。(**注意**：如果上一章中创建的业务发展提示卡激发了潜在客户的兴趣，你可能已经确定了潜在客户。)
> - 通过补全下表空白处，或通过修改范例以符合自己的情况，创建自己的拜访目的。
> - 创建公司定位陈述，在下表"公司定位"一栏的空白处加上"我们帮助"主题。

拜访介绍工作表（1）

潜在客户：职位_____ 行业_____

第 2 步：拜访介绍

☐ 说明拜访目的

"今天（或在下面_____分钟）我要

- 向您介绍_____［你公司的名称］；
- 介绍与我们所合作过的从事_____［具体行业］的另一个 _____［职位］；
- 我想要了解您和您公司的情况；
- 我们双方可以共同决定是否要继续。"

☐ 说明公司定位

［你公司的名称］的业务是帮助_____行业［具体的行业］的企业_____
_____
_____

练习：建立拜访介绍（2）

活动

- 介绍公司及个人情况；
- 列出你希望潜在客户对你和你的公司得出的 5 条结论；
- 在下面的工作表左边一栏记录下你的结论。

拜访介绍工作表（2）

	结论		
1		⇔	
2		⇔	
3		⇔	
4		⇔	
5		⇔	

练习：建立拜访介绍（3）

活动

- 检查一下结论，其中有事实吗，还是主要是观点？
- 再看一下结论。现在把自己置于潜在客户的立场。对这些有何感受？是否有说服力？如果没有，完成下面的步骤。
    - 在上面表格右边一栏的最上面，加上标题"事实"。对于左边的每条结论，在右边记录下可能帮助潜在客户得出该结论的一个事实。
    - 然后，选择几项有说服力的事实大声读出来。再次站在潜在客户的立场上，此时对这些又有何感受？是否更有说服力了？

需要注意的是，在销售拜访的前期，你只能提供事实，而不是观点，因为你和潜在客户之间还没有建立足够的信任。在你和潜在客户建立足够的信任之前，你的观点对其而言可能没有什么意义。

对参考案例可能的反应

再来看我们练习之前讨论的话题。我给了你一个建议，就是通过讲述参考案例过渡到使潜在客户承认痛苦，引导其做出反应。你可以说："我已经讲了我们公司如何帮助另一个客户，现在请您介绍一下您和您公司的情况。"

一般来说，潜在客户的反应可以分为 5 类。在拜访的这一阶段，潜在客户的反应在很大程度上决定了你后面的销售活动。

> **对参考案例 5 种可能的反应**

1. "我这里存在着同样的痛苦。"（正如参考案例中提到的。）
2. "我这里存在着不同的痛苦。"（痛苦不一样，但因为你的可信度很高，潜在客户愿意向你讲述自己的痛苦。）
3. 没有承认痛苦，但仍然很友好，很健谈。（这并不是很糟糕，但谈话的重点应围绕你试图解决的潜在痛苦方面。）
4. 没有承认痛苦，且态度不友好，也不健谈。（这种情况不太好，但在放弃之前，提出一些可能与客户相关的痛苦来。）
5. "我这里也存在这样的问题，但我们已经开始着手解决了。"（这种情况好还是不好？这是一个活跃机会。潜在客户已经有了解决方案构想，你在这个机会上晚了一步。）

> **5 种相应对策**

1. 我这里存在着相同的问题——诊断问题并创建构想。
2. 我这里存在着不同的问题——诊断问题并创建构想。
3. 没有承认痛苦，但仍然很友好，很健谈——提问情境问题，以使话题转向存在的痛苦。
4. 没有承认痛苦，且态度不友好，也不健谈——提问痛苦菜单问题。

5. 我这里也存在这样的问题,但我们已经开始着手解决了——重塑构想。

反应1、反应2要求你有创建解决方案构想的能力。第6章将详细介绍创建构想。反应5要求你具备对客户现有的构想进行重塑的能力。第8章将介绍构想重塑。

在反应3、反应4中,潜在客户还没有承认存在的痛苦。

第3步:引导潜在客户承认痛苦

⇨ 在这一阶段客户的想法是什么呢?

潜在客户在考虑是否要承认他存在的痛苦。

⇦ 在这一步,你该采取怎样的行动来与客户保持一致呢?

在反应3中,客户态度友好且健谈,但没有承认存在的痛苦。这时要问情境问题。

在反应4中,客户既不友好也不健谈。或许他的时间和耐心有限,以痛苦菜单的形式进行提问。

情境问题

情境问题可以引导潜在客户承认痛苦或者给你提供一些信息,帮助你预测存在的痛苦。情境问题一般都是开放型问题,也就是说潜在客户可以按他喜欢的方式进行回答。这种问题可使你与潜在客户进行深入的交谈。一定要记住这一基本原则:痛则思变,没有痛苦就没有改变。要把谈话集中在痛苦上。

情境问题范例

"目前,假如你的客户想在销售人员不给他们打电话的日子订货,他们会怎样做?"

"目前,你的客户通过什么方式了解你们的新产品或推销活动?"

"当潜在客户向销售人员打电话询问一些常见问题时,这种电话怎么处理?"

"目前,你的销售人员是如何让现有客户推荐新业务机会的?"

痛苦菜单问题

假如潜在客户仍没有承认存在的痛苦,而且谈话好像没有任何效果,这时就需要问更直接的问题了。在这种时候适合用痛苦菜单的形式进行提问。痛苦菜单问题一般是封闭型问题,引出的回答就为"是"或"不是"。

痛苦菜单问题范例

近来我们从销售副总裁那里听到的 3 个最主要的困难如下:

1. 未实现收入目标;
2. 销售成本上升;
3. 不能准确预测未来销售收入。

您面临这些问题吗?或者,您是否想了解我们是如何帮助客户解决这些问题的?

> **练习：设计情境问题和痛苦菜单问题**
>
> **活动**
> - 使用下面的表格设计一系列你认为可以引导你的潜在客户承认痛苦的情境问题。
> - 设计一个痛苦菜单问题，假如一位潜在客户不太友好而且不够健谈，就使用它。

情境问题
■
■
■
■

痛苦菜单问题
"近来我们从＿＿＿＿＿＿［职位］那里听到的 3 个最主要的困难如下：
1. ＿＿＿＿＿＿＿＿＿＿＿＿＿＿＿＿＿＿＿＿＿＿＿
2. ＿＿＿＿＿＿＿＿＿＿＿＿＿＿＿＿＿＿＿＿＿＿＿
3. ＿＿＿＿＿＿＿＿＿＿＿＿＿＿＿＿＿＿＿＿＿＿＿
您面临这些问题吗？或者，您是否想要了解我们是如何帮助客户解决这些问题的？"

在本章，我们学习了使用客户拜访提示卡的前 3 个步骤。下面的表总结了这 3 步并给出了关键点。我赞同你使用下表作为拜访前的框架和计划工作表。

客户拜访提示卡（第1~3步）：拜访准备指南

第1步：建立自然好感

☐ **让潜在客户决定会议的气氛**

"非常感谢给我这次和您见面的机会。"

观察是需要"聊天"还是进行"业务沟通"。

> 避免任何可能被认为不真诚的行为

第2步：拜访介绍

☐ **说明拜访目的**

"今天（或在下面_____分钟）我要

- 向您介绍_____[你公司的名称]；
- 介绍与我们所合作过的从事_____[具体行业]的另一个_____[职位]；
- 我想要了解您和您公司的情况；
- 我们双方可以共同决定是否要继续。"

> 在会面一开始就说明拜访目的

> 让潜在客户知道他有一张"出局"的王牌

☐ **说明公司定位（使用"我们帮助"主题）**

"[你公司的名称]的业务是帮助_____行业[具体的行业]的企业_____。"

> 针对潜在客户建立公司定位陈述

☐ **介绍公司及个人情况**

结论		事实
	⇔	
	⇔	
	⇔	

> 确定你想要潜在客户得出的结论

☐ **讲述相关参考案例**

"另一个_____[公司类型]的情况您可能会感兴趣。它的_____[职位]在_____[痛苦]方面存在困难，他的问题原因是_____。他说需要一种办法来_____。我们为他提供了这些能力，结果_____。"

> 确保参考案例针对痛苦而不是针对产品

☐ **过渡到承认痛苦**

"我们已经讲了[我们公司如何帮助另一个客户]，现在请您介绍一下您和您公司的情况。"

第3步：引导潜在客户承认痛苦

假如没有承认痛苦：

- 但是客户很健谈→提问情境问题。
- 客户不怎么健谈→提问痛苦菜单问题。

一旦承认了痛苦，就把痛苦作为重点。

> 准备好可以引导客户承认痛苦的问题

本章介绍了客户拜访提示卡的前 3 步。拜访准备指南把前 3 步集中起来，并强调了关键之处。我建议你把拜访准备指南这张表作为初次拜访前的一个规划框架和计划表使用。

小结

　　成功销售的一个关键因素就是，准确地找出给你提供销售机会的痛苦。向潜在客户讲述其同行遇到的痛苦，是引导其承认自己痛苦的有用且有效的方法。

# 第6章
诊断痛苦并创建解决方案的构想

为什么诊断客户的痛苦并创建解决方案构想很重要？

最主要的原因基于解决方案销售的一个基本原则——痛则思变，没有痛苦就没有改变。换句话说，不存在痛苦的客户就不会采取行动去改变。另外，如果客户确有痛苦也想改变，采取什么行动改变是个关键问题，这说明了为什么创建构想如此重要。假如客户不清楚将要做什么，他是很难采取行动的。能够诊断痛苦并创建解决方案构想的销售人员，大多能赢得业务机会。

一个销售人员如果不能先诊断客户的痛苦，之后不能帮助客户看到销售公司的能力，这样他就很不明智地把自己置于"又是一个推销员"的位置。这类销售人员所代表的能力太有限，不能给潜在客户带来任何价值或只能带来很少的价值。

如果销售人员忽视或轻视了对客户痛苦的诊断，那么：

- 客户和销售人员可能都看不到痛苦的严重程度及产生痛苦的原因；
- 客户可能不相信销售人员完全了解他的业务；

- 销售人员可能有太多想当然，但都是错误的。

如果销售人员忽视或轻视创建解决方案构想，那么：

- 销售人员可能错误地认为客户完全明白销售公司的能力能够解决所涉及的痛苦；
- 销售人员会错过建立合理预期的机会。

本章介绍一些原则、练习、辅助工具，帮助你彻底诊断客户的痛苦，然后制定一套偏向于你的产品或服务的解决方案。解决方案销售的辅助工具有下面两个。

九格构想创建模型——创建构想

痛苦表

练习：分析两个场景

活动

阅读下面两个场景，然后回答后面的两个问题。

场景 A

你外出时生病了，于是去看急诊。你在候诊室等候了一个多小时，一位护士才过来给你量体温、测血压、称体重。又等了 20 分钟，你才终于见到医生。她问："哪里不舒服？"你回答："我头疼、喉咙疼、鼻塞，高烧了好几天。"听到这儿，医生立即回答说："我知道了！"于是给你开了一个处方了事。

场景 B

　　你外出时生病了,于是去看急诊。你在候诊室等候了一个多小时,一位护士才过来给你量体温、测血压、称体重。又等了 20 分钟,你才终于见到医生。她问:"哪里不舒服?"你回答:"我头疼、喉咙疼、鼻塞,高烧了好几天。"医生接着又问了几个问题,如"这些症状持续几天了?你有没有接触过病人?最近几周有没有出去旅游?对食物有没有过敏反应?"听完你的回答后,医生又检查了你的耳朵、鼻子,还用听诊器听了你的呼吸。完成这些检查后,医生说:"坏消息是你得了流感。好消息是我正在治疗好几个像你这样的病人。只要注意休息,按时吃药,很快就会好的。"最后医生给你开了一个处方。

关于两个场景的问题

1. 哪个场景让你感觉更舒服?

　　_____

2. 两个场景的主要区别是什么?

　　_____

　　我在解决方案销售的培训上也用了这两个场景,问了同样的问题。对"哪个场景让你感觉更舒服?"这个问题,几乎所有人的回答都是"场景 B"。

　　就下一个问题"两个场景的主要区别是什么"?绝大多数人的回答都是医生采用的方法。在场景 B 中,医生更多地使用咨询的方式,这样使你更信任医生和他的处方。

　　这两个场景中,在了解了最初的症状后,医生可能已经知道了"答案"。但是一定要记住这一点:假如你不相信医生的诊断,你就不会相信他的处方。

> 先诊断，后开方

关键是要把对客户痛苦的诊断工作做好。假如客户不相信你的诊断，他们也不会相信你的处方。下面漫画中的这个销售人员就过早地开了处方。

那么销售人员在开处方前该如何进行诊断呢？其实就是要在恰当的时间问恰当的问题。

九格构想创建模型就是一个诊断型询问模型。它可以指导你与客户展开咨询式的对话。就像控制发动机速度的设备一样，九格构想创建模型可以控制使用者的速度，不断提示他在开处方前彻底地诊断客户存在的痛苦。

建立九格构想创建模型

这一章的主要目的是帮助你设计最有效的问题,彻底地诊断客户的痛苦,然后制定偏向于你能力的解决方案构想。

下面是模型的内容和帮助解释模型中各要素的练习。如果你对九格构想创建模型已经非常熟悉,想跳过这一部分直接进入本章的应用部分,那你就看"如何建立痛苦表"部分。

 **九格构想创建模型——创建构想**

概述

用来创建构想的九格构想创建模型是以客户为中心进行提问的模型。用于诊断已承认的痛苦,并引导客户通过自我推论形成解决方案构想。

何处使用、如何使用

九格构想创建模型由3类问题构成。

- 开放型问题。
- 控制型问题。
- 确认型问题。

这3类问题用来探究3个重要的方面。

- 诊断痛苦的原因。
- 探究问题对其他人的影响。
- 帮助认识到所需要的能力。

九格构想创建模型适用于客户存在潜在痛苦的生意机会。你可以按照提示的顺序使用这个模型,引导客户形成购买构想。

> **注意**：对于活跃机会，你必须对客户现有的构想进行重构。你需要使用同一个模型，但是运用的顺序不同。参见第 8 章"重塑解决方案构想"。
>
> **应达到的效果**
>
> 　　九格构想创建模型的成功运用应该使客户认识到你的能力可以解决他的痛苦，从而使他形成购买构想。你和客户都应该清楚地认识到解决这些痛苦带来的可衡量的价值，同时也应该清楚这些痛苦对客户公司的影响。
>
> **需要的信息**
>
> 　　痛苦表是根据具体情境而设计的销售辅助工具，能提示销售人员在九格构想创建模型控制型问题阶段提出明智的、控制导向型问题。

九格构想创建模型的问题类型

九格构想创建模型的 3 类问题如下。

开放型　　**开放型问题**可以让客户根据自身经历、学识和关注的内容，自由展开话题，同时也给你机会提问控制型问题。客户回答这类问题会比较舒服，因为人们一般认为这些问题没有什么威胁。但有一个不足，就是谈话的控制权在客户手中。假如客户谈话的方向和你要销售的产品或服务没有关系，就比较糟糕了。但是，在购买过程前期让客户感到谈话过程舒服是非常重要的，所以建议你最好还是以开放型问题开始。

控制型	**控制型问题**类似于封闭型问题。我更喜欢用"控制型问题"这个词,因为它能更好地表述这种方法。封闭型问题的回答一般为"是"或"不是",而控制型问题能引出更全面的回答。控制型问题也有助于获得某些事物的量化信息,如"多少"或"多长时间一次"。控制型问题寻求特定的信息,以帮助你引导客户向你所希望的特定方向走。
确认型	**确认型问题**确保客户和销售人员的理解是一致的。确认型问题可以帮助总结你对客户的回答的理解,可以展现你倾听的能力、对客户的同理心及你的专长,同时还可以帮助你纠正谈话过程中的某些误解。

> **练习：建立九格构想创建模型（1）**
>
> 活动
>
> - 测试你对开放型、控制型、确认型问题的判别能力。
>   - 阅读下面的问题列表。
>   - 判断每个问题的类型：开放型、控制型、确认型。
>   - 将答案写在右边"类型"一栏中。

问题	类型
1. 你是否认为你没有实现利润目标的一个原因是数据没及时统计？	
2. 那么，你认为最近客户满意度下降最重要的原因是什么？	
3. 系统停工对你们市场营销和销售工作产生怎样的影响？	
4. 假如在你需要报表时，你团队中任何一个人都可以从同一个地方拿到报表并整理、打印出来，这对你有帮助吗？	
5. 你说你的市场份额不能扩大的原因是缺乏产品研究，是吗？	
6. 为解决越来越频繁的、不能按时送货的问题，你曾采取过什么措施？	
7. 那种情形多长时间发生一次？	
8. 那么，假如你拥有我们谈论的 24/7 服务，你是否认为这可以增加你的客户基数呢？	
9. 你是否尝试解决越来越频繁的不能按时送货的问题？	
10. 听你这么说，这好像不仅仅是一个部门而是整个公司的问题，是这样吗？	
11. 还有谁在关注这个问题？	
12. 这么说，你曾经试图解决越来越频繁的不能按时送货的问题，是吗？	
13. 利润减少引起你们公司股价下跌了吗？	
14. 你觉得在你的公司中使用我们的软件和服务怎么样？	
15. 听起来你想让客户能够从网上订货以减少存货，是这样吗？	

答案：1、4、7、9、13=控制型；2、3、6、11、14=开放型；5、8、10、12、15=确认型。

九格构想创建模型探究的几个方面

通过运用开放型、控制型及确认型问题，九格构想创建模型引导着你和客户的谈话向了解和处理客户问题的 3 个重要方向发展，如下所示。

诊断原因	探究影响	构想能力
你要设法探究和了解客户正面临的痛苦的一切促成因素。另外，你要从数量的角度诊断每个原因对痛苦的形成所占的比例。	在诊断了痛苦的原因后，你要探究客户的痛苦对其组织中其他个人的影响，目的是了解该问题在组织中的影响面。这种对话有助于证实、修改或构建痛苦链。	在诊断了痛苦的原因和对其他人的影响后，你必须帮助客户形成解决方案构想。以一种咨询的语气生动形象地描述行动构想，说明你的能力将如何帮助客户解决问题。

练习：建立九格构想创建模型（2）

活动

- 测试你对 3 个探究方面的辨别能力。
    - 阅读下面的问题列表。
    - 判断每个问题属于哪个探究方面，是诊断原因、探究影响还是构想能力。
    - 将答案写在右边"探究的方面"一栏中。

问题	探究的方面
1. 你是否认为你没有实现利润目标的一个原因是数据没及时统计？	
2. 那么，你认为最近客户满意度下降最重要的原因是什么？	
3. 系统停工对你们市场营销和销售工作产生怎样的影响？	
4. 假如在你需要报表时，你团队中任何一个人都可以从同一个地方拿到报表并整理、打印出来，这对你有帮助吗？	
5. 你说你的市场份额不能扩大的原因是缺乏产品研究，是吗？	
6. 为解决越来越频繁的、不能按时送货的问题，你曾采取过什么措施？	
7. 那种情形多长时间发生一次？	
8. 那么，假如你拥有我们谈论的 24/7 服务，你是否认为这可以增加你的客户基数呢？	
9. 你是否尝试解决越来越频繁的不能按时送货的问题？	
10. 听你这么说，这好像不仅仅是一个部门而是整个公司的问题，是这样吗？	
11. 还有谁在关注这个问题？	
12. 这么说，你曾经试图解决越来越频繁的不能按时送货的问题，是吗？	
13. 利润减少引起你们公司股价下跌了吗？	
14. 你觉得在你的公司中使用我们的软件和服务怎么样？	
15. 听起来你想让客户能够从网上订货以减少存货，是这样吗？	

答案：1、2、7、9、10、12=诊断原因；3、5、11、13=探究影响；4、6、8、14、15=构想能力。

第 6 章　诊断痛苦并创建解决方案的构想 • 97

　　如果将 3 种类型的问题和 3 个探究方面结合起来，你便建立起了由 9 部分组成的问题矩阵。这就是九格构想创建模型的框架结构。

	诊断原因	探究影响	构想能力
开放型			
控制型			
确认型			

> **练习：建立九格构想创建模型（3）**
> 活动
> - 确定运用九格构想创建模型的最佳顺序。
>   ○ 回答下面 7 个判断正误的问题。

1. 在问控制型问题之前问开放型问题会使你和客户的谈话更加有效。　　□ 正确　□ 错误
2. 应首先问客户确认型问题。　　□ 正确　□ 错误
3. 在帮助客户明白你的能力将如何帮助他之前，应先探究影响。　　□ 正确　□ 错误
4. 在诊断客户存在痛苦的原因之前先探究影响。　　□ 正确　□ 错误
5. 开放型问题应在控制型问题之后提问，以便在谈话过程中尽可能把握谈话的方向。　　□ 正确　□ 错误
6. 在帮助客户明白你的能力将如何帮他之前，应先诊断原因。　　□ 正确　□ 错误
7. 应在每个探究方面的最后提问确认型问题，以便于澄清由开放型问题和控制型问题所得到的信息。　　□ 正确　□ 错误

答案：
1. 正确。从心理学角度而言，客户回答开放型问题之后感觉比较舒服，这时你才可以问控制型问题。
2. 错误。与客户的谈话还没有开始，没什么要确认的。
3. 正确。记住"先诊断，后开方"，探究影响仍然是在诊断，帮助客户认识到你的能力有助于你开处方。
4. 错误。尽管探究影响的提问很重要，但最初还是应先诊断痛苦的原因。一旦建立了信任，客户才会更加愿意讨论这些痛苦对其他人的影响。
5. 错误。和第一个问题一样，客户在回答开放型问题之后再回答控制型问题会感觉更舒服。
6. 正确。"先诊断，后开方"。
7. 正确。尽管确认型问题在谈话的任何时候问都可以，但在一个探究方面结束后和下一个探究方向开始前提问更有效。

假如所有的问题你都回答对了（或者至少同意答案中的说法），那么你就已经能够确定运用九格构想创建模型的最佳顺序了。

第 6 章 诊断痛苦并创建解决方案的构想

	诊断原因	探究影响	构想能力
开放型	（1）	（4）	（7）
控制型	（2）	（5）	（8）
确认型	（3）	（6）	（9）

九格构想创建模型是一个帮助销售人员与客户进行更有意义的谈话的框架和提示工具。所以，我在模块中给出了一些文字作为提示。这些内容这些年来被成千上万个销售人员和销售支持人员使用（证明是有效的）。但是我仍建议使用者在运用模型时使用自己的语言。下面的练习帮助你在模块中填上合适的文字。

练习：建立九格构想创建模型（4）

活动
- 阅读下面的 9 个问题。
- 将每个问题与九格构想创建模型中适合的数字格连线。

		问题
开放型问题 诊断原因	1	A. "这么说，你的［痛苦］的主要原因是……？"
控制型问题 诊断原因	2	B. "假如你有能力去……这对你有帮助吗？"
确认型问题 诊断原因	3	C. "听你这么说，这个［痛苦］影响到你公司的其他人，如××是吗？"
开放型问题 探究影响	4	D. "能告诉我导致这个［痛苦］的原因吗？"
控制型问题 探究影响	5	E. "这么说，如果你具有所有这些能力，是不是就可以解决这个［痛苦］？"
确认型问题 探究影响	6	F. "你需要怎样做才能解决这个［痛苦］呢？"
开放型问题 构想能力	7	G. "引起你的［痛苦］的一个原因是不是……？"
控制型问题 构想能力	8	H. "这个［痛苦］是不是导致了……［运营成本增加］？"
确认型问题 构想能力	9	I. "还有哪些人受到［痛苦］的影响？他们是如何受到影响的？"

答案：1—D；2—G；3—A；4—I；5—H；6—C；7—F；8—B；9—E。

第6章 诊断痛苦并创建解决方案的构想

把这些问题填进九格构想创建模型后,这个模型就成了一个提示你提问咨询式问题的有用诊断工具,从而把客户从承认问题引向形成购买构想。

痛苦 →	诊断原因	探究影响	构想能力
开放型	R1 (1) "能告诉我导致这个……(反复性痛苦)的原因?"	I1 (4) "除了你,你们公司中还有哪些人受到这个(痛苦)的影响?他们是如何受到影响的?"	C1 (7) "要想(实现你的目标)你需要怎么做?""我可以给你几个建议吗?"
控制型	R2 (2) "是不是因为……?"	I2 (5) "这个(痛苦)是不是引起……?那样的话,(职位)是不是也关注这个问题了?"	C2 (8) "你谈到(重复原因)……假如有一个办法……何时,谁,什么,这样你就……?这对你有帮助吗?"
确认型	R3 (3) "这么说,你的(反复性痛苦)的主要原因是……?是这样吗?"	I3 (6) "听你这么说,(重复人物和原因),这好像不仅仅是你的问题,而且也是××问题,对吗?"	C3 (9) "那么,当你具有(总结能力构想)时,就会(达到你的目标)?"

→ 购买构想

假如你参与一个规模较小的交易活动,可以使用简化的九格构想创建模型。你可以略过探究影响一栏和确认型问题一栏。这样九格模型就成了针对简单交易活动的四格模型。

当市场营销和销售人员第一次接触九格构想创建模型时,他们会有一些共同的感受:

- 模型的结构简单且实用。
- 开放型问题很容易提问。

- 只要使用者在与客户对话过程中做些记录，并用心倾听，确认型问题也比较容易提问。
- 控制型问题（九格构想创建模型中间一行）是最重要的问题，因为这部分问题可以引出客户的许多重要信息。因此，控制型问题需要最充分的思考和准备。

控制型问题确实是模型中最重要的问题。这也正是我推荐下面销售辅助工具的原因。它可以帮你确认、记录和提问这些重要问题。该辅助工具称为痛苦表。痛苦表是一个有用的工具，可以由不同的人针对不同的销售机会灵活使用。

 痛 苦 表

概述

痛苦表是一个提问提示工具，与九格构想创建模型一起使用。它提供了一系列控制型问题，帮助你诊断客户痛苦的原因，了解这些问题对公司其他方面的影响，说明你的能力如何解决导致痛苦的原因。这对于创建（或者重塑）偏向于销售团队特定产品、服务或者解决方案的构想是一个必不可少的销售辅助工具。

何处使用、如何使用

痛苦表和九格构想创建模型一起使用，有助于你提出恰当的问题，从而帮助你创建或重塑偏向你的产品或服务的购买构想。痛苦表可以在客户谈话过程中使用，也可以作为拜访前的准备工具，在会面前使用。

应达到的效果

按照痛苦表提问可以帮助你：

- 发现客户痛苦的原因，同时使这些原因偏向你的产品或服务。
- 通过提问"深挖问题"，确定解决这些问题带来的量化价值。
- 认识到（或修正已有的认识）客户的问题如何影响整个公司的其他人（痛苦链）。
- 推出你的能力，使客户清楚地看到这将给他带来怎样的变化。

需要的信息

要建立痛苦表，你需要了解潜在客户（可能存在）的痛苦及相关的原因，同时也应该知道你的能力如何解决这些可能存在的痛苦。另外，意识到自己的特色也很重要。

注意：最好根据常见痛苦、职位、能力或行业这些分类，建立标准的痛苦表数据库，它们会非常有用。此外，现有的痛苦表应当定期更新。若引进新的产品、服务或能力，应建立与之相适应的新的痛苦表。

如何建立痛苦表

建立痛苦表有 7 个主要步骤。

第 1 步　确定要对准的潜在客户（职位和行业）。

第 2 步　预测潜在客户存在的痛苦。

第 3 步　记录下你的产品、服务或能力将解决该痛苦的原因。

第 4 步　为每个原因设计出一系列"深挖问题"或量化问题。

第 5 步　把你的产品、服务的具体特征或能力和它们能解决的痛苦对应起来。

第 6 步　设计一些能够使客户看到你的能力对他们能提供帮助的问题。

第 7 步　设计有助于探究痛苦对他人产生的影响的问题。

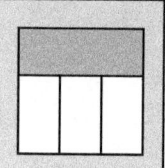
第 1 步：确定要对准的潜在客户（职位和行业）。
第 2 步：预测潜在客户存在的痛苦。

这两步比较容易，只须再回顾一下关键人物表、痛苦链或客户概况中记录的信息。

就你的具体情况来说，对应前面谈到的机会建立痛苦表。在第 4 章，你已经建立了针对潜在客户（职位）某个潜在痛苦的业务发展提示卡。假设潜在客户会承认存在相同的痛苦，那么你的痛苦表就应围绕这一痛苦建立。

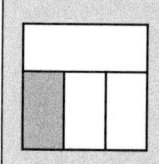
第 3 步　记录下你的产品、服务或能力能解决该痛苦的原因。

想一想你认为你的产品、服务或能力能解决痛苦的潜在原因，将之记录下来。请注意痛苦表上记录的应是一系列诊断性问题，把每个原因转换成问题的形式。（例如："你［痛苦］的一个原因是不是……？"）

注意：回顾一下最初的痛苦链，有助于你全面考虑痛苦潜在的原因。看一下第 3 章中的"练习：建立自己的痛苦链"。

> **练习：建立痛苦表（1）**
>
> 活动
> - 使用下面的工作表。（**注意**：这个工作表只是痛苦表模板的一部分，在本章后面部分有完整的痛苦表模板。）
> - 记录下潜在客户的职位、从事的主要行业和潜在的痛苦。
> - 记录下你的产品、服务或能力能解决潜在痛苦的原因（试着找出 4 个）。

痛苦：_____

职位和行业：_____

原因
是不是因为……；今天……？
A.
B.
C.
D.

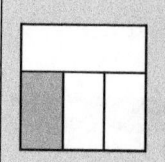 第 4 步：为每个原因设计出一系列"深挖问题"或量化问题。

你不是已经找出了你认为你能解决的潜在痛苦了吗？很好！但是，是不是每个痛苦都是客户想解决的？某个原因是不是在相当大程度上导致了痛苦的产生，值得客户采取行动？换句话说，这个痛苦的分量有多重？是个 5 000 美元的痛苦，5 万美元的痛苦，还是 50 万美元的痛苦？你怎样知道？

非常简单，要确定痛苦的分量，我们可以针对每个原因提出量化的或"深挖"的问题。

如何提问和提问什么同样重要。对你而言，提出"[痛苦的]这个[原因]使你损失了多少"这样的问题是非常简单的，但对客户而言，未必容易回答。

这使我想起了一个谚语："你是如何吃掉一头大象的？""一口一口地吃！"要想知道"那使你损失了多少"这一问题的答案，可以用同样的方法。对客户而言，"消化"像上面这样的问题比较难，但是回答"一口"那样的问题还是比较容易的。

想一想，像简单代数那样的"一口"问题。要想知道 $a \cdot b \cdot c = n$ 的答案，你需要确定每个变量的值。也就是说，你目前的任务就是找出每个变量的答案，以确定 n 的值。

提问"一口"这样的问题有 4 方面的好处。

1. 客户更容易回答。
2. 客户能够自己算出痛苦在金钱上的分量，因为提供答案的人是客户自己。
3. 使你有机会通过提出一些具有洞察力的问题引导对话，从而显示你咨询顾问的一面。
4. 你能够为客户提供合乎逻辑的原因（价值），支持他正在做的某个或许带有很大感情成分的决定。

你应该提出充分的理由，帮助客户认识到他们凭感情所做的购买决定是正确的。通过提问"深挖"问题，给出量化的价值，有助于你提供充分的理由。

下面的这个例子是建立痛苦表的第1~3步。

痛苦：未实现新客户收入目标
职位和行业：销售副总裁，制造业
原因
是不是因为……；今天……？
A. 销售人员是不是花费了太多时间处理现有客户的重复业务（接收订单而不是销售）？
B. 销售人员是不是花费了太多时间回答现有客户的常见问题（不是销售）？
C. 潜在客户是不是不知道你的促销活动？
D. 销售人员是不是没有请客户推荐机会或销售线索？

下面我们就针对这个例子中的每个原因设计一系列"深挖"问题。以原因B为例，销售人员是不是花费了太多时间回答现有客户的常见问题（不是销售）？

"深挖"问题能够帮助你系统地确定某个原因在多大程度上导致了客户的痛苦。同时，这些问题还有助于突出客户对你必须提供并最终将推荐的能力的需要程度。

下面这个例子给出了一系列潜在的"深挖"问题，并且给出了可能的回答。

原因 B：销售人员花费了太多时间回答现有客户的常见问题。	客户回答
■ 销售人员的时间有百分之多少花费在回答常见问题上？	15%
■ 你希望销售人员将其中（15%）的多少时间花费在回答常见问题上？	0%
■ 去年，每个销售人员发展的新客户数量是多少？	10 人
■ 你拥有多少销售人员？	50 人
■ 每个新增客户每年带来的平均收入是多少？	75 000 美元
■ 销售人员是否能够利用那额外的 15% 的时间来从事其他销售活动。	是
■ 假如销售人员拥有额外的时间（15%），他们每个人有可能每年新开发一个新客户吗？	是

练习：建立痛苦表（2）

活动

- 就前面的练习中记录下来的每个原因设计一系列"深挖"问题。
- 在下面的"深挖"问题工作表中记录下你的问题。

注意：在设计"深挖"问题时，要确保所有问题的措辞方式能够使客户的回答很容易转化为年度数据。例如，"这种情况每年发生多少次"或者"平均来说，这种情况一个月发生几次"（然后把这个数字乘以 12）。

深挖问题工作表

原因 A：
■
■
■
■

原因 B：
■
■
■
■

原因 C：
■
■
■
■

原因 D：
■
■
■
■

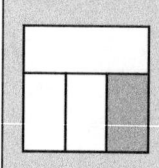 第 5 步：把你的产品、服务的具体特征或能力和它们能解决的痛苦对应起来。

现在，你已经确定了你的产品或服务能解决的潜在痛苦。下一步的任务就是要更具体、更准确地确定你的产品或服务的哪些特征或能力能够帮助客户缓解痛苦。

练习：建立痛苦表（3）

活动

- 确定你的产品或服务的哪些特征或能力能够解决客户痛苦。
- 将每个特征或能力记录在下面的工作表中。另外，将"建立痛苦表（1）"中的原因记录到下表"原因"一栏。

原因		特征或能力
A.	⇔	A.
B.	⇔	B.
C.	⇔	C.
D.	⇔	D.

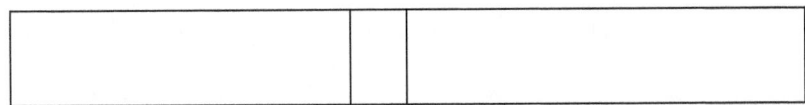

现在你已经了解了客户的痛苦、痛苦的原因，以及客户需要的能力。那么是不是说客户已经准备好购买了？不是的！假如客户不明白，不能清楚地看到这些能力在将来会给他带来怎样的变化，他是不会购买的。这时你就应当尝试介绍每种能力，你的介绍方式应当为客户创建构想，使其明白使用了你推荐的产品或服务之后，他工作起来会有什么不同。

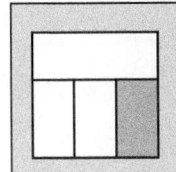

第6步：设计一些能够使客户看到你的能力对他们能提供帮助的问题。

怎样创建能力构想？简单的做法就是，运用一张图描述在运用了你提供的能力后，情况将会发生怎样的改变。换句话讲，你要描绘一个场景，让客户自己看到他们会比现在的情况更好。下面描述了这种方法的操作过程。

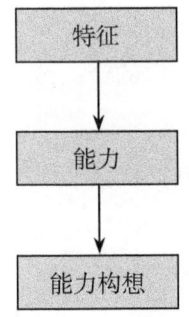

假如有可能，要使你的特征与众不同。

由特征层发展到能力层。运用这样的表述："这项特征可以使你或公司的某个人……"

由能力层发展到能力构想层，在介绍了这种能力可以使人做到什么后，进一步描述在客户的公司，谁将使用这项能力，以及何时使用。

再看一下前面的例子，我们会发现"客户常见问题网页"这一特征解决的是"原因 B"。但仍然需要表现为能力构想。

原因		特征或能力
B. 销售人员花费了太多时间回答现有客户的常见问题。	⇔	B. 客户常见问题网页。

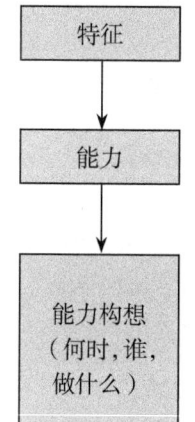

客户常见问题网页。

这一特征可以让客户通过网络获得常见问题的答案。

假如……这会有帮助吗？
（何时）当客户有问题时
（谁）他们
（做什么）可以点击"常见问题网页"菜单来寻找答案，或者选择"我需要帮助"选项，直接与公司中的相关人员联系，这样销售人员就可以将精力集中在销售上，而不是回答客户的常见问题上。

当成功地创建了能力构想后，客户就能够看到这对他们未来的工作有什么帮助。为了达到甚至超过客户的预期，你的产品或者服务必须能够不断地实现已经创建的构想。

下面的漫画中，销售人员犯的错误就是夸大了其产品或服务的能力。

第6章 诊断痛苦并创建解决方案的构想 • 113

练习：建立痛苦表（4）

活动
- 使用下面的能力构想工作表。
- 回忆前面练习中确定的每个特征或能力。创建解决痛苦的构想。
  - 由产品特征层发展到能力层，运用这样的表述"这项特征可以使你……[做什么]"。
  - 由能力层发展到能力构想层，在介绍了这种能力可以使人做什么的基础上，进一步描述在客户的公司谁将使用这种能力，以及何时使用。

注意：能力构想要在最终的痛苦表中以问题的形式出现。
（例如："假如……这会有帮助吗？"）

114 • The Solution Selling Fieldbook

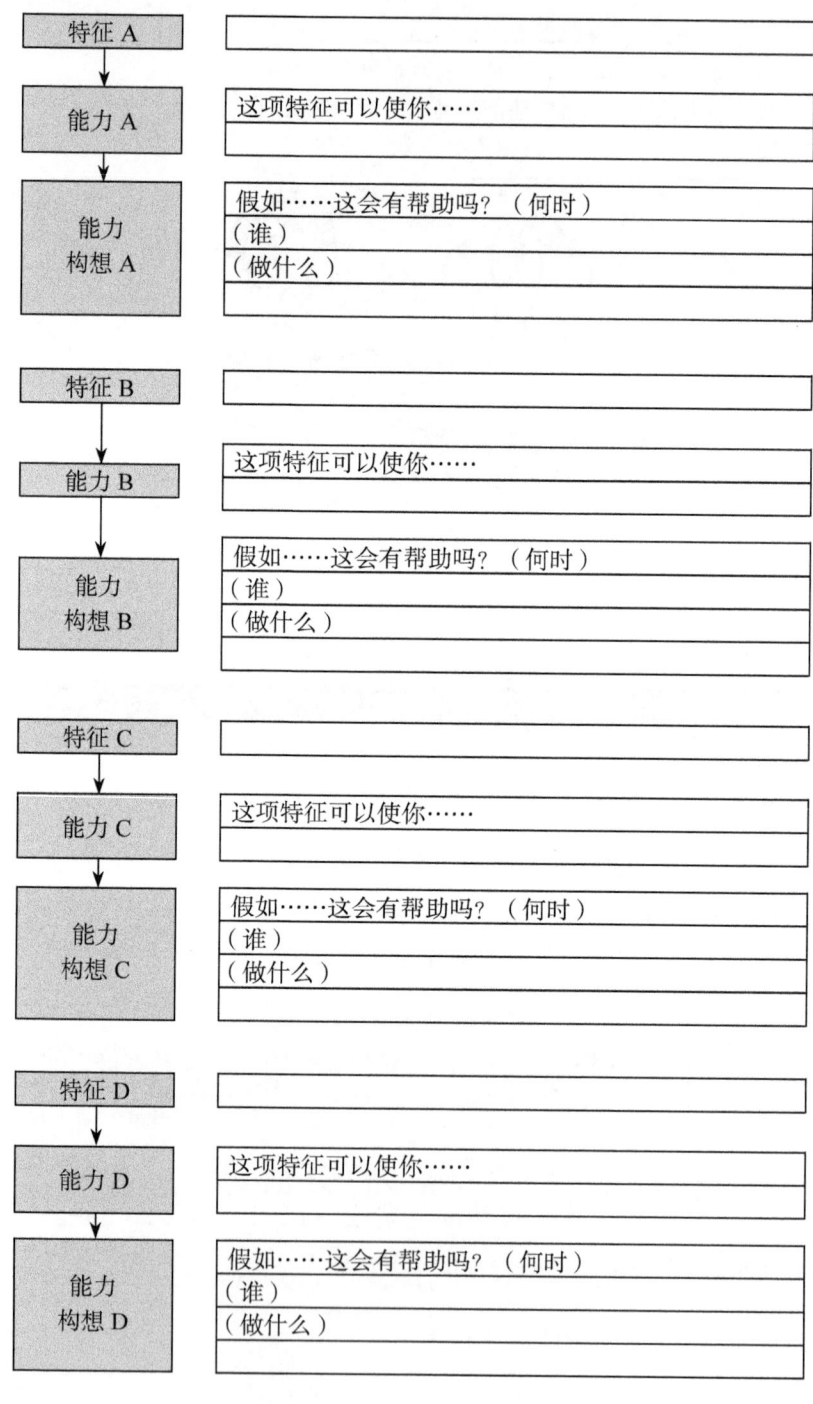

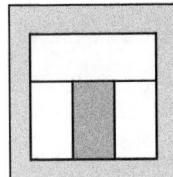 第7步：设计有助于探究痛苦对他人产生的影响的问题。

探究影响的问题旨在探究痛苦在一家企业或一个部门延伸的广度和深度。提问这些问题的目的是，让客户有一种紧迫感，同时确定你需要接触的其他人。这一点对你接触到权力支持者很重要。销售人员如果不能建立合理的预期，不能提供真正的解决方案，其后果就跟前面漫画中所描绘的那样，成了无法兑现的承诺。

在我们的例子中，销售副总裁"未实现新客户收入目标"这一痛苦，影响了财务副总裁实现总的收入目标和利润目标。针对这种情况，应该问以下几个问题。

- 未实现新客户收入目标是不是导致总的收入目标无法实现？
- 这是不是导致了利润率下降？
- 利润率下降会影响哪些人？

或者，

- 财务副总裁是不是受到利润率下降的影响？

你要探究客户痛苦影响其公司或部门的路径，就要通过提问其他影响问题来实现。

> **练习：建立痛苦表（5）**
>
> 活动
> - 设计一系列探究影响的问题，帮助你探究痛苦对客户公司中其他人的影响。
> - 用下面的影响问题工作表完成。
>
> 注意
> - 以从主到次的顺序记录影响，从目标客户的痛苦直接影响到的人和直接引起的问题开始。
> - 参考第3章"练习：建立自己的痛苦链"。

影响问题工作表

这个_____[痛苦]是不是引起了……
■　　　　　　　　　　　　　　　　　　　　　　　　？
■　　　　　　　　　　　　　　　　　　　　　　　　？
■　　　　　　　　　　　　　　　　　　　　　　　　？
■　　　　　　　　　　　　　　　　　　　　　　　　？
■　　　　　　　　　　　　　　　　　　　　　　　　？
_____[职位]受影响/关注这些吗？
■　　　　　　　　　　　　　　　　　　　　　　　　？
■　　　　　　　　　　　　　　　　　　　　　　　　？
■　　　　　　　　　　　　　　　　　　　　　　　　？
■　　　　　　　　　　　　　　　　　　　　　　　　？
■　　　　　　　　　　　　　　　　　　　　　　　　？
_____[职位]受影响/关注这些吗？
■　　　　　　　　　　　　　　　　　　　　　　　　？
■　　　　　　　　　　　　　　　　　　　　　　　　？
■　　　　　　　　　　　　　　　　　　　　　　　　？
■　　　　　　　　　　　　　　　　　　　　　　　　？
■　　　　　　　　　　　　　　　　　　　　　　　　？
_____[职位]受影响/关注这些吗？
■　　　　　　　　　　　　　　　　　　　　　　　　？
■　　　　　　　　　　　　　　　　　　　　　　　　？
■　　　　　　　　　　　　　　　　　　　　　　　　？
■　　　　　　　　　　　　　　　　　　　　　　　　？
■　　　　　　　　　　　　　　　　　　　　　　　　？
_____[职位]受影响/关注这些吗？

痛苦表模板是一个具有总结性质的工具，将所有的"建立痛苦表"练习综合成一个辅助工具。它可以用于销售拜访，也可以用于拜访前的策划和研究。

痛苦表模板

痛苦： 职位和行业： 产品或服务：		
原因	影响	能力
是不是因为……今天……？	这个［痛苦］导致……吗？	假如……这会有帮助吗？
A.［原因 A］ （包含"深挖"问题）	• _____？ • _____？ • _____？ ［职位］受到影响了吗？	A. 何时： 谁： 做什么：
B.［原因 B］ （包含"深挖"问题）	• _____？ • _____？ • _____？ ［职位］受到影响了吗？	B. 何时： 谁： 做什么：
C.［原因 C］ （包含"深挖"问题）	• _____？ • _____？ • _____？ ［职位］受到影响了吗？	C. 何时： 谁： 做什么：
D.［原因 D］ （包含"深挖"问题）		D. 何时： 谁： 做什么：

需要注意的是，痛苦表是一个"情境提示工具"，帮助你提问九格构想创建模型中间一行的控制型问题。下面是一个完整的痛苦表范例。

痛苦表范例

痛苦：未实现新客户收入目标		
职位和行业：销售副总裁，制造业		
产品或服务：电子商务应用		

原因（R2）	影响（I2）	能力（C2）
是不是因为……今天……？	这个[痛苦]导致……吗？	假如……这会有帮助吗？
A. 销售人员是不是花费了太多时间处理现有客户中的重复业务（接受订单而不是销售） • 有多少收入是从这些重复业务中获得的？ • 这些收入中有多大比例是可以自动完成的？ • 销售人员的时间有多大比例花费在这样的活动上？ • 有多少销售人员有销售额任务？ • 每年平均销售额是多少？ • 销售人员的时间有百分之多少用在新客户开发业务上？ • 收入是不是与投入的时间相比增长了相同的比例？	• 未达到总的收入目标？ • 利润下降？ 财务副总裁关注这些吗？ • 影响公司成长了吗？ • 股价下跌了吗？ 首席执行官受到影响了吗？	A. 何时：想要订购时 （谁）：现有客户 （做什么）：能够看到存货量、进行订购、自动配送并得到确认，所有这些都在网上进行。
B. 销售人员是不是花费了太多时间回答现有客户的常见问题（不是销售） • 销售人员的时间有百分之多少花费在回答现有客户的常见问题上？ • 你希望销售人员将其全部时间的多大比例花费在回答常见问题上？ • 去年，每个销售人员平均新开发的客户数量是多少？ • 每个新开发的客户带来的平均收入是多少美元？ • 销售人员有百分之多少的时间可以用在新客户开发的业务上？ • 用这些时间，销售人员能否新增一个客户？ • 那么，总共有___名销售人员意味着增加___美元的收入？		B. 何时：客户有问题时 （谁）：现有客户 （做什么）：可以点击"常见问题网页"菜单寻找答案，或者选择"我需要帮助"选项，直接与公司中相关人员联系。
C. 潜在客户是否知道你的促销活动？ • 去年的促销活动预期应增加收入多少美元？ • 实际达到多少美元？ • 在未实现的收入增长部分中有多大比例你认为是由于潜在客户不知道你的促销活动而造成的？		C. 何时：提供促销活动时 （谁）：销售人员 （做什么）：可以编制个人针对性的信息，然后通过电子邮件发送给潜在客户。
D. 销售人员是否没有请客户引荐新业务或销售线索？ • 有多大比例的客户被请求引荐新业务？ • 每年有多少引荐？ • 你的收入中有多大比例来自这些引荐？ • 假如你向所有客户请求引荐新业务或销售线索，那么会增加多少引荐和销售线索？		D. 何时：访问公司网站时 （谁）：现有客户 （做什么）：引荐新业务，这样可以换取一定的折扣或促销产品。

小结

如果销售人员能够帮助客户承认痛苦，花时间诊断痛苦的原因并让他们看到能帮助他们解决痛苦的能力，那么赢得业务的可能性就会很大。这种方法之所以有效是因为：

- 它让使用该方法的销售人员不同于传统的销售人员。
- 它建立了潜在客户的合理预期。
- 它在客户的心目中确立了解决方案的价值。

第 3 篇

参与活跃机会

第 7 章
如何做到后来者居上

对于那些你不是第一个参与者的销售机会来说，为什么采取差异化的销售策略很重要？

人生来平等，但这并不意味着所有销售机会都是平等的！

假如客户有一个需求清单，有一个时间限制，也有预算，此时你受邀参与竞争，想一想，客户此时还不知道想和谁做生意的可能性有多大。

当你不是第一个参与者时，客户不仅想让你以一种固有的方式回应需求清单，而且还会与你保持一定的距离，并且要求你按照很可能由你的竞争对手制定的规则运作。不，谢谢，在已确立的需求清单对我不利的情况下，我想自己决定采取什么样的策略和战术，或者决定是否干脆放弃。

本章介绍对机会进行评估和确定最佳竞争策略和方法的原则、练习和辅助工具。帮助你完成这些任务的解决方案销售的辅助工具有下面两个。

机会评估工作表

竞争策略选择工具

传统的机会评估真的太传统了,在今天不是很有效。下面你将读到和体验到的就是对待销售中这一关键要素的最流行、最准确的方法。

下面的练习是我在解决方案销售培训班上多次使用的,其目的是说明传统的机会评估是怎样误导人们的。

练习:机会评估

活动

- 阅读下面 5 个场景,每个场景中的陈述代表潜在客户的原话。
- 基于下面每个机会所提供的信息,记录你认为你赢得每个机会的概率(0~100%)。

场景	成功概率（%）
1. ■ 我已告诉你我面临的痛苦。 ■ 你的产品或服务正是我想要的，而且它具有价值。 ■ 你帮我确定我这个项目的需求。 ■ 你的总报价比竞争者的平均价格低 5%。 ■ 你的公司在实施支持方面的名声很好。	_____%
2. ■ 我已告诉你我面临的痛苦。 ■ 你的产品或服务被当作大众商品，但对我们来说还是很有价值。 ■ 我为这个项目做了预算。 ■ 你不是第一个与我交谈的销售人员，但如果你能把价格降低 10%的话，你将能做成这笔生意。	_____%
3. ■ 我会尽快做出决定，因为时间限制我必须在本月底之前选择好卖家。 ■ 你的产品或服务是最好的，但是你的价格超过了我的预算。 ■ 我不必选择最低的价格，但我得能向高级管理层说明，为了不超过预算，我获得了价格上的让步。	_____%
4. ■ 你的产品和服务非常符合我的要求。 ■ 我已经为这个项目做了预算，要比你报出的价格低 10%，所以我需要你的帮助。 ■ 我是采购委员会的主席，要就此做出决定。 ■ 我必须在本季度结束前就此做出决定。	_____%
5. ■ 我们没有邀请以前经常给我们提供这些服务的公司出价竞标，我需要新思维，你的公司符合这一点。 ■ 你已经证明你对我的业务及我已经承认的痛苦非常了解。 ■ 如果你能把价格降低 15%的话，我保证这笔生意就是你的了。	_____%

现在计算一下 5 个场景成功概率的总和，是超过了 100%、150%、还是 200%？能超过 250% 吗？

如果我告诉你 5 个场景中每个项目都有多个公司参加竞争，那你的成功概率又有多大？

在这我想说的是，聪明的客户为了获得最好的交易，会跟你说你想听到的东西。有些时候，他们的目的是从最不想合作的公司那得到一个价格让步，以便于从最想合作的公司那里得到更低的价格。还有些时候，客户即使不打算购买，也会跟销售人员说他想听的东西，目的是了解产品和服务的更多信息。

一段时间以前，我与我的一个潜在客户谈话，他详细地描述了他的销售团队在机会评估方面如何缺乏能力。我跟他说，他的团队在机会评估方面没有问题，但是在放弃机会方面存在问题。

机会评估技能就是使一个销售机会符合既定标准的能力。放弃销售机会技能就是在机会不符合标准时，放弃销售机会的能力。

关于机会评估的神话

在世界各地，我多次举办解决方案销售的培训，也参加过一些咨询会，在公司销售会议上发言，这些公司的销售部门同他们所在国家的文化一样，各不相同。我问了这些人一个相同的问题，具有讽刺意味的是，回答几乎是一样的。我的问题是："使一个销售机会符合标准的因素是什么？"人们的回答都差不多，我听到的最多的答案是这样的：

- **预算**（Budget）。此项目有资金。
- **权威人士**（Authority）。在潜在客户的公司有一个决策者。
- **需求适合**（Need/fit）。产品或服务与客户的需求清单相匹配。

- **时间限制**（Time frame）。潜在客户已经明确了一个日期，在这个日期之前必须做出购买决策。

有人把这 4 个因素简称为 BANT。我认为单单使用 BANT 的方法评估可能会使销售机会继续待在更适合其他人的位置上。

不要误解我的意思——任何一个销售机会中，BANT 都很重要。但是，能告诉你这 4 个问题答案的客户，很有可能也会告诉你更重要的第 5 个问题的答案，即他已决定从谁那里购买。他们的购买过程肯定已经有一定进展了，你在这种情况下参与为时已晚，你现在成了垫背的。

在销售周期中，关于 BANT 的重要信息都是销售人员需要了解的关键信息。但是真正的机会评估还应包括一些附加标准。

附加评估标准——成功销售公式

下面的公式扩展了评估机会的基础。除了 BANT，如果你对每个变量都没有一个肯定的回答，那么成功的概率就是零。

$$痛苦 \times 权力 \times 构想 \times 价值 \times 控制 = 成功销售$$

在第 3 章我们讨论了客户的痛苦这一概念。"痛则思变，没有痛苦就没有改变"这一基本原则充分说明了，为什么痛苦因素在成功销售公式中非常关键。首要痛苦（也包含潜在错失的机会）有助于回答这个问题："客户有可能采取行动吗？"

我们会在第 10 章详细讨论权力支持者这一概念，现在我们可以把权力支持者一词简单定义为，在客户组织中能做出购买决定或影响购买决定的人。

在前面章节我们提到了构想和价值。构想指的是客户必须明白你的产品或服务能让他做到什么，而且还能使他看到将来能给他的工作带来什么变化。价值指的是潜在客户必须明白通过购买你的产品或服务他将获得的可衡量的价值。

控制这个词听起来可能有点操纵摆布的意思,但它的真正意思是,试图对购买过程进行控制,而不是控制客户。我们在第10章会详细讨论这一点。

机会评估

评估是一次性事件,它是一个持续的过程。应该定期对机会进行重新评估和确认,以确保它们能符合你的评估标准。你可能会发现因为客户公司内的变化及其他一些你不可控的因素,一个曾经符合条件的机会,现在已经变得不符合条件。切记这一点,错了也不改那才叫错。

在解决方案销售中,我们发明了一个辅助工具,我们称为机会评估工作表。在进行评估时,许多人都需要第三方或客观资料帮助他们。

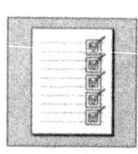 **机会评估工作表**

概述

机会评估工作表是一个评估模型,共由 25 个问题组成,问题分属 5 个类别(痛苦、权力、构想、价值、控制),这一系列可灵活运用的关于机会的问题能够帮助你客观地、尽早(持续)地做出关于是否要继续某个机会的评估决定。

何处使用、何时使用

机会评估工作表应用于回答某个机会关键时刻的关键问

题,如"我们应该参与竞争吗?""我们能够成功吗?"

应达到的效果

使用者应该诚实客观地回答评估工作表中的问题以确定
- 已知什么信息。
- 未知什么信息。
- 需要做什么或需要什么资源改善机会的状态,以便于做出参与或放弃的决定。

需要的信息

从谈话、调研和所有已知资料中获得的有可能影响现状的信息。

机会评估工作表

	机会评估工作表 答案要点：（Y）是，（N）否，（?）不确定 ★ "五个快速"评估问题		评估日期	
			我们	竞争者
★	痛苦 "客户有可能行动吗？"	★		
1	首要痛苦或潜在痛苦确定了吗？			
2	我们与痛苦的主人就痛苦进行核实了吗？			
3	我们了解痛苦如何影响他人吗？			
4	预算到位了吗？			
5	解决问题有没有时间限制？			
★	权力 "我们是否在与合适的人员合作？"	★		
6	我们了解这个机会中关键人物的角色吗？			
7	我们知道谁能影响决定，以及怎样影响吗？			
8	我们能接触权力支持者吗？			
9	我们得到关键人物的支持了吗？			
10	我们能接触到提供资金的人吗？			
★	构想 "客户是否更喜欢我们的产品或服务？"	★		
11	我们能帮助客户确定初步的需求吗？			
12	我们的产品或服务符合客户的需求吗？			
13	我们为关键人物创建或重塑不同的构想了吗？			
14	关键人物支持我们的解决方案吗？			
★	价值 "我们的产品或服务能为双方提供价值吗？"	★		
15	我们了解我们的产品或服务对每个关键人物及对整个公司的益处吗？			
16	关键人物对我们的产品或服务的益处进行了量化并对我们清楚地表述过吗？			
17	（公司）就价值分析是否达成了一致？			
18	价值分析能保证获得需要的资金吗？			
19	对我们来讲有足够的价值吗？机会能获利吗？战略上重要吗？			
★	控制 "我们能控制购买流程吗？"	★		
20	我们了解关键人物做决定的过程和标准吗？			
21	我们了解关键人物的证据要求和满意度要求吗？			
22	我们了解客户的购买习惯、政策、程序吗？			
23	客户同意与我们开展评估过程了吗？			
24	我们能控制评估过程吗？			
25	我们能成功地管理我们的风险吗？			

关于机会评估工作表的一些说明：

- 这些评分（是、否、不确定）可以让销售人员确定自己在每个问题方面的状况，也可以使其与竞争对手进行对比（注意：当然还可以再加上进行竞争对比分析的栏目）。
- "五个快速"评估问题（在机会评估工作表中颜色深的部分）也提供了空间，供销售人员对自己的状况进行打分，也可以对竞争对手的情况进行打分。
- "评估日期"这一栏帮助销售人员和销售经理决定信息收集的时效性，当销售人员对进展情况进行后续评估时，这一信息尤其有用。
- 机会评估工作表不应被视为计分卡（例如，当一个销售人员回答"是"比较多时，并不意味着就能成功）。它的目的是帮助销售人员客观地确定自己知道什么，不知道什么，还需要知道什么。
- 在销售周期的早期，有更多的信息需要了解，对其中好几个问题回答"不确定"是很正常的。
- 在25个问题当中，大多数问题提到你的公司（"我们"），都是用黑体表示的。对竞争对手进行评估时，这些均要换成"他们"，以便于从竞争者的角度回答问题。

若某个销售组织是基于交易的环境，机会周转快，或者销售人员的销售漏斗中有很多销售机会，可以使用成功销售公式对机会进行快速评估。

- 痛苦 "客户有可能行动吗？"
- 权力 "你是否在与合适的人员合作？"

- 构想 "客户是否更喜欢你的产品或服务？"
- 价值 "你的产品或服务能为双方提供价值吗？"
- 控制 "你能控制购买流程吗？"

在某些销售组织中，用这 5 个问题评估机会就足够了，但对于更复杂的机会，需要回答更深层次的问题。成功销售公式框架中的 25 个问题提供了更深层次的评估。

练习：评估你的机会

活动

- 使用前面的机会评估工作表。
- 如果你的机会起初是活跃机会，确定你的竞争者，然后完成工作表，考虑你可以利用的所有信息。
- 如果你的机会源于未发现的潜在痛苦，确定潜在竞争者，然后完成工作表，必要时做一些假设。

竞争策略

机会评估的结果会引导你采取最合适的竞争策略，即让你以最大概率赢得业务的竞争策略。竞争策略能帮你决定应采取什么行动来赢得业务。它们能让你选择正确的方法、利用合适的资源。

共有五种竞争策略：

- 先发制人（Preemptive）。
- 硬碰硬（Head-to-Head）。
- 迂回（End Around）。

- 各个击破（Divide and Conquer）。
- 拖延（Stall）。

先发制人策略

如果你帮助潜在客户发现了一个潜在痛苦，你就抢先于你的竞争者占有了一个新机会。先发制人是最有效的一个竞争策略，没有竞争者时你赢得业务的可能性最大！

此时，你不应把评估的重点过多地放在竞争方面，而是应确定这个机会是否值得抓住。下表中的内容是你确定是否采取先发制人策略时需要考虑的东西。

先发制人策略	
描述 虽然这不是一个纯粹意义上的竞争策略，但考虑到主动创造机会相对于被动做反应的优势，这个策略是最理想的。就这一策略来说，销售人员和销售经理要克服的最大障碍就是，要主动开发机会，而不是眼巴巴地在电话旁等待。	
当你能对下面的关键问题做出肯定回答时使用该策略	
■ 你发现潜在痛苦了吗？ ■ 客户公司的某个关键人物承认最严重的痛苦了吗？ ■ 你能确定痛苦对其他人的影响，并就如何解决他们的痛苦创建构想了吗？	
战术	**优缺点**
■ 确定需求和决策标准。 ■ 通过共同发现建立自然联系。 ■ 确定对客户公司其他关键人物的影响。 ■ 创造独特的、有特色的解决方案构想。 ■ 说明你的产品或服务的价值。	**优点**：当你帮助确定需求时，你赢得机会的概率会大大增加。 **缺点**：销售的周期可能会更长。

如果你在客户已经建立了解决方案构想后才进入这个销售机会（活跃机会），那么你需要在下面四个竞争策略中选择一个。接下来介绍当你不是最初的参与者时，选择最佳竞争策略的一些有用的标准。

硬碰硬策略

这是大多数销售人员使用的一个基本策略,如果没有特别明显的优势,这也是一个最容易导致失败的策略。

硬碰硬策略	
描述 这种策略就是两个公司直接竞争,或者说是"以特征对特征"。客户喜欢我们以这种方式竞争,这样他们可以进行比较分析,就像在市场上拿两个苹果进行比较。这是销售人员最常使用的一个策略,不过也是最常失败的一个策略。中国著名哲学家和军事家孙子说过,要采用直接竞争策略,至少要有 3:1 的优势。	
当你能对下面的关键问题做出肯定回答时使用该策略	
■ 客户是否已经确定了需求或做决策的标准?有预算吗?有时间限制吗? ■ 你的产品或服务能符合所有或大多数要求或决策的标准吗? ■ 从客户的角度来看,你有已经证实的明显的 3:1 的优势吗?	
战术	**优缺点**
■ 优先考虑需求或决策标准。 ■ 突出以下几方面的优势。 — 产品或服务。 — 声誉。 — 已建立的客户基础。	**优点**:可能会缩短销售周期,但条件是客户承认你在价格、业绩或组织声誉方面有明显的 3 倍的优势。 **缺点**:可能会以高成本赢得业务。

迂回策略

如果不能对直接竞争策略中的所有关键问题做出肯定的回答,你可以考虑迂回策略。在当今商业环境中,在客户的眼中,很少有销售组织有明显的 3 倍于竞争对手的优势。我经常建议在一开始使用迂回策略,以免销售人员误认为自己有 3 倍的优势,从而从一开始就使用错误的策略。

迂回策略	
描述 这种策略就是某公司试图改变游戏规则,以便有效进行竞争,这种策略也被称为构想重塑。这种策略典型的实施方法是:B 公司试图在已经确定的需求清单中引入一个有价值的不同于他人的特征,他知道首选公司 A 没有将这种特征或产品服务列入需求清单。	
当你能对下面的关键问题做出肯定回答时使用该策略	
■ 你能创造有独特的价值并改变或扩展需求或做决定的标准吗?	
战术	优缺点
■ 了解目前的需求和做决定的标准。 ■ 化解竞争。 ■ 重塑客户最初的构想。 — 在需求清单增加不同于他人的特色或产品服务。 — 确定新引进的特色或产品服务的独特的、可量化的价值。 — 如果其他要求没有真正价值的话,最大限度减少其必要性。	**优点**:购买决定有时能很快做出。 **缺点**:你可能很难接触到权力支持者。

各个击破策略

如果你对迂回策略中的关键问题不能做出肯定的回答,那么可以考虑各个击破策略。

各个击破策略	
描述 假如你不能满足所有已确定的要求,但可以把其中一部分做得很好,可以采用此种策略。只做自己能赢的那一部分,例如,你的公司是整套解决方案提供者,你可能会去竞标整个项目,如果你的解决方案某些部分的价格和功能没有竞争力,但方案的一部分很强,你仍然可以竞标这一部分。有人把这称为"找到利基市场"。	
当你能对下面的关键问题做出肯定回答时使用该策略	
■ 你能满足部分需求或决策标准吗?	
战术	优缺点
■ 了解目前的需求和决策标准。 ■ 确定你能解决的那部分。 ■ 突出你那部分的量化价值和优势。	**优点**:可能是未来增长的基础。 **缺点**:潜在总收入减少,在机会和客户中所占比例小。

拖延策略

如果你对分而治之策略中的关键问题不能做出肯定回答，你可能只能使用拖延策略了。

拖延策略	
描述 这一策略鼓励客户推迟做出购买决定，直到实施拖延策略的组织能提交其产品和服务。大多数能成功使用这种方法的公司必定有大量的市场份额和品牌知名度。 　　注意：一些公司会提前发布信息公告击退对手。关于做预先公告和一些不合法的商业运作，要确保你掌握相关的法律方面的第一手资料。	
当你能对下面的关键问题做出肯定回答时使用该策略	
■ 你能在未来满足需求或决策标准，以及能与权力支持者建立关系吗？	
战术	**优缺点**
■ 了解目前的需求和决策标准。 ■ 评估赢得机会的潜力。 ■ 评估如果机会被延时，你将获得机会的可能。 ■ 明确客户等待对他们的潜在量化价值。 ■ 当处于拖延状态时，对客户公司关键人物提供额外支持。	**优点**：保证机会还在，不使竞争者得到它。 **缺点**：可能会被认为不重视客户的问题。

　　为了帮助你做出一个正确的竞争策略的决定，所有这些内容都汇编到一个辅助工具中，这个辅助工具称为竞争策略选择工具。

 ## 竞争策略选择工具

概述

　　竞争策略选择工具提供了需要回答的关键问题，这些问题指导销售人员（客户）就特定机会选择要采取的竞争策略，同时也提供相应战术。

何处使用、如何使用

策略的选择取决于机会的起源（潜在机会或活跃机会）。如果是潜在机会，由于对手未能参与，实际上已经采取了先发制人策略。如果是活跃机会，应考虑一些关键问题，确定具体采取哪些竞争策略（先发制人策略、硬碰硬策略、迂回策略、各个击破策略、拖延策略）。

应达到的效果

你应能够做出一个策略上的决定。如果选择参与机会，你就应决定使用哪种策略、执行策略应采取的战术，并权衡采取此策略和相应战术的利弊，选择何种策略应当让整个销售团队知道。

需要的信息

为回答最初的关键问题所需要的关于客户或机会起源的充足的知识。

竞争策略选择工具

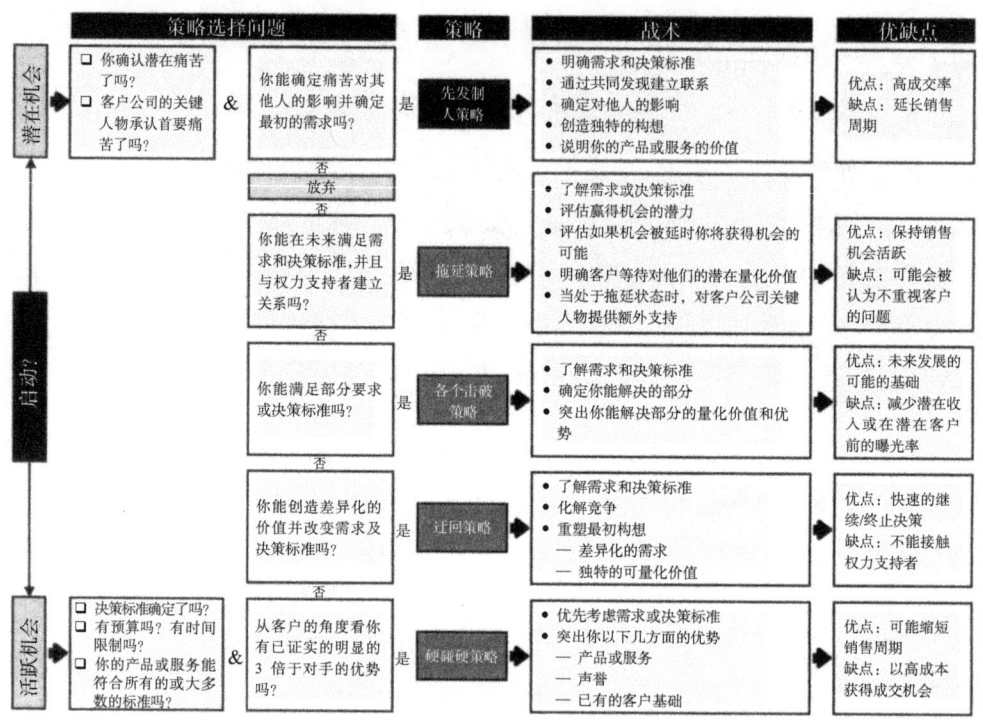

现在你应试一下，评估一下你的机会，确定最有效的竞争策略。下面的练习帮助你完成这项任务。

练习：选择竞争策略

活动

- 用机会评估工作表中的答案确定采用哪种竞争策略（如果可行的话，用先发制人策略）。
- 确定并记录从评估中出现的风险。
- 确定并记录竞争策略选择工具中那些如果运用得当能帮你应对每个机会的战术。

- 确定并记录应对机会所需要的其他战术。
- 使用下面的行动计划工作表来辅助你的工作。

行动计划工作表

风险：
战术→
战术→
战术→
战术→
风险：
战术→
战术→
战术→
战术→
风险：
战术→
战术→
战术→
战术→
风险：
战术→
战术→
战术→
战术→

小结

并不是所有的机会都一模一样,所以假如你参与某个机会,你使用的策略和相应战术也应不同。如果评估表明你赢的机会很小,那么最好的决定就是不参与竞争。

前面已经介绍过创建构想的九格构想创建模型。下一章我们将使用同一个模型,但是采用不同的顺序(构想重塑),实施迂回的策略。九格构想创建模型的构想重塑部分为你与客户谈话时实施分而治之策略和拖延策略提供了一个很有用的框架。

第 8 章
重塑解决方案构想

为什么重塑解决方案构想很重要?

我在第 2 章中指出,销售人员大多数时间都在参与活跃机会,而不是创造机会。他们回应一个由客户和首选 A 公司预先制定的需求清单。这样的话,所有回应这种需求清单的组织成功率都很低。在相同情况下,较晚被邀请的公司不得不克服由客户和 A 公司通过共同发现形成的联系。

如何克服这种联系?如竞争策略选择工具中的战术所示,你必须引入差异化的、能提供量化价值的特色,另外,必须是客户自己提出更改或扩展已确定好的需求清单。

本章中介绍一些原则、练习和辅助工具,帮助你说服客户接受有价值的特色,从而重塑客户现有的解决方案构想。解决方案销售的辅助工具有 4 个。

九格构想创建模型——构想重塑　　痛苦表　　RFP 初始回复信函　　RFP 执行概要

重塑客户现有的解决方案构想的能力是一项重要的技能，这与同客户共同创建一个原始的解决方案有很大区别。这对很多销售人员来说是一项挑战。很多时候他们不管机会来源的不同，使用相同的销售策略。

有很多种情况会使你卷入活跃机会中去。

- 本来是想开发潜在机会，却发现客户已经有了构想。
- 不期收到一个征求建议书，请你对一个已制定好的需求清单投标。
- 收到一个来自客户的信息申请，客户想在招标之前明确自己需要什么。

当处于任何一个你较晚参与到机会中的情境时，你必须赢得重塑购买构想的权力。要想赢得这一权力，你必须遵守下列基本原则：在使自己与众不同之前，先使自己获得平等机会。

在使自己与众不同之前，先使自己获得平等机会

人们通常喜欢自己的想法，好像想法和人之间有一种归属关系。因此，很多人不喜欢被告知，你的想法很糟。

有时候，某个潜在客户会跟我们交流他的想法（或许是受到了我们的竞争者影响的一个构想）。这种时候，我们会急于解释为什么客户错了或者为什么这是一个糟糕的决定。不能这样，要与客户情感相通。在你试图扩展或者改变客户现有的构想之前先尝试了解它。从心理角度而言，客户只有感到你了解他现有的观点时，才会更愿意参与到他的原始构想之外的话题中去。

"在使自己与众不同之前，先使自己获得平等机会"是重塑客户现有构想的先决条件。在学习九格构想创建模型的构想重塑结构时，要记住这条原则。

如果你已经熟悉九格构想创建模型——构想重塑，想跳至应用部分，请读本章的"差异化"部分。

如果你平时主要处理活跃机会，所以是从前面跳跃到这一部分的话，我建议你读一下第6章，它提供了关于九格构想创建模型的重要基础知识，在本章后面我要用到它们。

 # 九格构想创建模型——构想重塑

概述

九格构想创建模型——构想重塑是以客户为中心的提问模型，它用于引入差异化的能力，同时引导客户自己做出重塑解决方案构想的结论。

何处使用、如何使用

九格构想创建模型的框架由3类问题组成。
- 开放型问题。
- 控制型问题。
- 确认型问题。

这些问题用于探究3个重要方面。
- 诊断痛苦原因。
- 探究痛苦对其他人的影响。
- 帮助客户认识到所需要的能力。

对于活跃机会，必须对构想进行重塑。运用模型的顺序不同于创建构想。

应达到的效果

九格构想创建模型——构想重塑的成功使用应当使客户扩展或改变其最初的构想。如果新的需求清单中包含了你的独特能力，那么你就成功重塑了构想。

需要的信息

痛苦表是一种情境型工作辅助工具，它帮助销售人员就九格构想创建模型中控制一栏提出明智的、以控制为导向的问题。用于构想重塑的痛苦表应该强调主要的差异化特色。

九格构想创建模型——构想重塑

	诊断原因	探究影响	构想能力
开放型	R1 （3）"没有这种能力时,你是怎么做的?"	I1 （6）"除了你,你的组织中还有哪些人受到这个（痛苦）的影响? 他们是如何受到影响的?"	C1 （1）"你怎么看待自己使用这个（重复客户最初的构想）?"
控制型	R2 （4）"今天……?"	I2 （7）"这个（痛苦）是不是引起……? 那样的话,（职位）是不是也关注这个问题?"	C2 （2）"你是不是在寻找一种办法……? 如果你有这种办法……这对你有帮助吗?"
确认型	R3 （5）"这么说,你现在的做法是……是这样吗?"	I3 （8）"听你这么说,（重复谁和如何）,这好像不仅仅是你的问题,而且也是××的问题,对吗?"	C3 （9）"你打电话时说正在审视（最初构想）,现在你也说你需要（能力构想）,如果有了……你就能实现目标?"

痛苦 → (左上) 现有构想 → (右上) 购买构想 → (右下)

在第 6 章中介绍的用于创建构想的痛苦表也可以用于构想重塑,但痛苦表中的内容使用顺序不同,正如构想创建模型的顺序改变了一样。

差异化网格

为了成功地重塑构想,你必须推出真正独一无二或者不同于竞争者的那些能力。识别差异化的一个方法是,在相应的格子里标出差异化的特点和能力。位于象限右上方的独特性和能力是你应该用于重塑客户构想的。

最能体现差异化且能解决潜在痛苦的特点应当扩展成能力构想问题，并按照重要性顺序列入痛苦表——最独特的能力排在最前面。

此外，不要认为差异化仅限于产品或服务的特点。你的公司也可能有不同之处（经营年限、财务稳定、解决方案的广度），还有你对某个特定情境的经历（行业专长）也可能是一个不同点。有时你的合同条款和条件也可能是区分点（付款选择权）。做下面的练习时要考虑到这些因素。

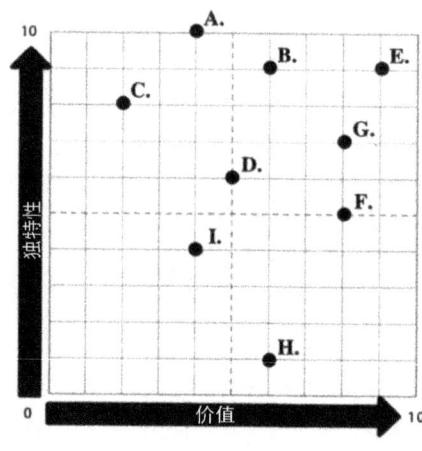

差异化？
示例
A. 50年的经营经验（公司）
B. 财务状况稳定（公司）
C. 全球覆盖（公司）
D. 销售渠道能力（公司）
E. 解决信用问题的能力（产品）
F. 网上常见问题菜单（产品）
G. 有目标的促销（产品）
H. 一揽子服务（服务）
I. 付款选择权（条款和条件）

练习：确定你的差异化因素

活动

- 列出你最有独特性价值的特点或能力。
- 将它们按照独特性和价值排序，看看与竞争标准或行业标准，或者与某个特定竞争者相比，总体上所处的位置（0=没有价值，没有独特性；5=与行业标准相比一般；10=最高的价值和独特性）。
- 用下面的表格进行记录。

特点或能力
A.
B.
C.
D.
E.
F.
G.
H.
I.
J.

差异化网格

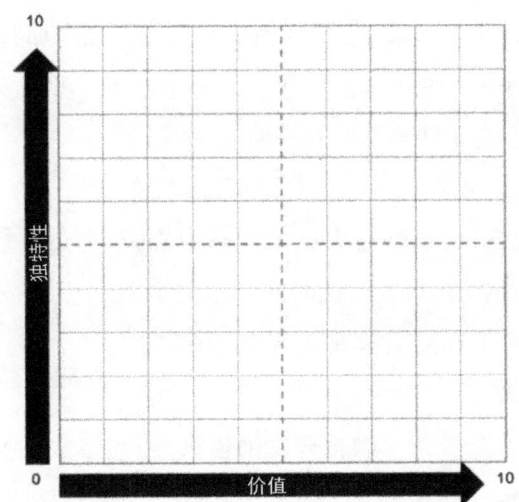

注意：你可以回顾一下第6章"练习：建立痛苦表（4）"，看看创建的能力构想中有多少个包含了主要特点。

征求建议书

如我在本章开头中提到的，你可能在下列情况下被卷入活跃机会：收到了一个征求建议书（RFP）、信息征求书（RFI），或者是一个投标邀请，这些都要求你对已制定好的需求清单提出报价或者提供信息。

我希望你接受的基本原则是，如果你没有协助撰写RFR的需求，那么你赢得这些机会的可能性较低。明白了这一点，你需要选择正确的竞争策略，并辅之以能增加成功机会的战术。在大多数情况下，对RFP而言，最好的策略是迂回策略，最好的战术是构想重塑。

既然成功率如此低，为什么销售人员还要回应那些RFP呢？我认为主要有3个原因，如下所述。回想一下，并诚实地问问自己是否曾属于这3种类型中的一种。

唾手可得。 虽然这个成语是陈词滥调，但对于开发潜在机会的销售人员来说是很有价值的。好多时候，销售人员把时间和精力集中于砸到他们身上而且看起来无须花费多少努力的机会上。

惧怕开发销售机会。 大多数人不喜欢被人拒绝，这是人的天性。开发销售机会是一个赌博游戏，结果可能多次被潜在客户拒绝。销售人员会躲避真正的开发活动，直到销售漏斗干涸，剩下的只能是回应活跃的RFP。

盲目评估。我们已经讨论过符合条件的机会的要素。每当销售人员忽视重要的评估问题，凭空相信机会是合格的，这种情况就发生了。

如果这几种类型中的一种听起来似曾相识的话，那么你需要考虑回应 RFP 的真正成本。事实上，当我的客户把自己描述为"建议回复工厂"时，我让他们做的第一件事是，客观地考虑他们回应 RFP 的成本和成功率。

回应 RFP 是否值得

凡事都有例外。我的有些客户曾经非常成功地回复过别人主动提供的 RFP，但是在那些案例中，大多数客户拥有巨大的市场份额和非常优质的产品或服务。其他大多数习惯性回复 RFP 却总是得到坏结果，结束这种愚蠢行为吧。考虑是否应该回应 RFP 时，请考虑以下这些重要问题。

- 你或你的团队每年回应多少方案？___份
- 每个方案平均需要几个人工作量？___人
- 完成一个方案每人平均工作几小时？___小时
- 每人每小时的平均成本是多少？___元
- 失去的机会成本是多少？___元

这些问题会告诉你，你的公司回应一个 RFP 的平均成本，但是让我们接着往下看。

- 你回应方案的成功率是多少？___%
- 每次成功，从中平均得到收益多少？___元
- 所获收益的利润率多少？___%

这值得吗？一般来说，我认为不值得。低成功率和高机会成本告诉我，这不是对资源的有效利用。如果你一定要回应 RFP，为了获得成功，你必须做些改变。我建议你采用迂回竞争策略并遵循下面的 8 个具体的战术步骤。

- 战术步骤 1。打电话给寄件人，提出可以回应 RFP，但条件是和受这个项目影响的关键人物会面（如果他们同意了，请跳到步骤 4）。

- 战术步骤 2。如果你的会面要求被拒绝了，给寄件人发封电子邮件或者信函，说明如果不见面你就不可能回复 RFP（参见 RFP 初始回复信函）。

- 战术步骤 3。若寄件人再次给你打电话，你再次提出可以回应 RFP，但交换条件是和关键人物会面。如果被拒绝了，就巧妙地从这个机会中退出。

- 战术步骤 4。如果他们同意见面，对每个受影响的关键人物提出这个问题：就这个项目来说两个最主要的痛苦是什么？（你这样是在尝试让他们承认痛苦，以便你可以开始用你的差异化重塑购买构想）。

- 战术步骤 5。假如会面被准许了，如之前承诺的那样准备对 RFP 的回复。

- 战术步骤 6。给管理 RFP 的人员写一封附信，连方案一并寄去。特别指出执行概要和如何展现与你交谈的各方执行人员的购买想法（参见 RFP 执行概要）。

- 战术步骤 7。据会谈情况，写一份执行概要，要特别指出你建议的方案能够提供解决每个关键人物的关键业务难题所需的独特能力。

- 战术步骤 8。把你的附件和 REP 回复的复印件发给与你关系最好的关键人物。

 # RFP 初始回复信函

概述

RFP 初始回复信函是一封由你发出的信函或电子邮件,信中试图提出一个交换条件,即回复 RFP 以换取和受项目影响的关键人物的第一次会面。

何处使用、如何使用

只有在 RFP 寄件人拒绝了你和受项目影响的关键人物会面的口头要求之后,才使用 RFP 初始回复信函。

RFP 初始回复信函用于表达你的请求,并向客户婉转透露这个意思,即你的公司的惯例是,只有与受项目影响的关键人物会面后才回复 RFP,而且这种做法是出于对客户最大利益的考虑。

应达到的效果

RFP 初始回复信函应该取得以下两个结果之一:

1. 被准予接触想见的关键人物,以便进行构想处理会面。
2. RFP 寄送者做了回应,最后一次拒绝,此时你要决定是回应 RFP,还是不参与此次机会。

需要的信息

你需要的信息是决定你要与哪些关键人物会面。

注意:这种方法需要你公司内的高层管理者的支持,因为它是对传统处理 RFP 方式的挑战。

参见第 15 章的 RFP 初始回复信函模板。

 # RFP 执行概要

概述

RFP执行概要强调客户组织需要但没被列入当前RFP中的其他能力。

何处使用、如何使用

RFP执行概要要发给RFP寄件人和会谈过的关键人物（经RFP初始回复信函协商）。RFP执行概要应该被置于RFP回复的开始部分或者用作最终建议的附信。

RFP执行概要总结了关键人物需要的其他能力，这是在协商好的会面中进行构想处理谈话时发现的。

应达到的效果

RFP执行概要的目的是从关键人物的角度，强调所需的其他能力的重要性，目的是吸引RFP寄件人或咨询者的注意，以便扩展或者改变RFP的最初要求，加进其他能力。

需要的信息

RFP执行概要的关键信息是关键人物需要你的差异化能力的最重要部分。

参见第15章的RFP执行概要模板。

小结

若你参与活跃机会或者回应 RFP，任务很艰难，成功率也很低。机会评估是做出好决定的关键。你必须诚实地评估你的成功机会，并且只参与最符合条件的机会。成功与否取决于两点：第一，你诊断问题的能力；第二，围绕自身的独特能力重塑客户构想的能力。

第 4 篇

评估、控制、结案

第 9 章
接触权力支持者

为什么接触权力支持者很重要？

接触到权力支持者之所以如此重要，最基本的原因是，拥有权力的人能够最终影响或直接影响做出的每个决定。仅仅因为这一点，你就必须努力在每个销售情境下接触权力支持者。

你曾经有过这样的经历吗？你跟某人讲一件可笑的事情，而这个人并不觉得有什么好笑的。在那样的情况下，你是否发现那个人茫然地看着你，好像在说："这就是你要和我讲的？"你只能回答："噢，你当时没在那儿。"

当销售人员把向最终决策者（权力人士）"销售"这项工作变成向内部支持者销售时，其后果是一样的。当你把责任转移给内部支持者时，你所希望发生的最好的事是什么呢？你希望这个支持者像你一样准确地说出痛苦、构想、价值？这几乎不可能，因为支持者通常不具备你拥有的情境知识和先前用你提供的差异化能力解决问题的经验。

接近权力支持者能够缩短销售周期，增加成功的机会。记住这个公式：痛苦×权力×构想×价值×控制=成功销售。在任何一个销售情境中，接触权力支持者都是一个关键的条件标准。

本章介绍一些原则、练习和辅助工具，帮助你接触权力支持者。解决方案销售的辅助工具有下面 3 个。

 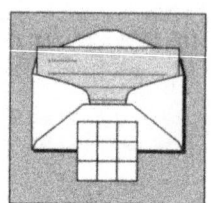 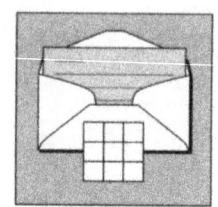

　　客户拜访提示卡　　　　支持者信函　　　　　支持者信函
　　　　　　　　　　　　（创建构想）　　　　（重塑构想）

运用这些辅助工具能帮助你接触权力支持者。另一种选择是如何面对没有购买决策权的人，这是我们要介绍的下一个原则。

 **你无法销售给无购买决策权的人**

你可能会把大量的时间、金钱和资源花费在潜在客户身上，他们表现出兴趣，并且乐意召集同事举行会议、观看演示，但不能做出承诺，不能做出购买决定。为了避免这样的事发生，你必须做到以下几点。

- 在销售流程的早期，对潜在客户进行评估，减少花费在那些缺乏影响力或缺乏制定购买决策权力的人身上的时间。
- 必要时用你的资产和资源作为交换条件，进行交涉，争取接近权力支持者。
- 当接近权力支持者的请求被拒绝时，放弃当前的人或机会，尽快从支持者转向权力支持者。

在第 5 章,我介绍了客户拜访提示卡,那是一个拜访客户七步骤框架,帮助你使自己的销售活动和客户的购买流程相一致。我们已详细讨论客户拜访提示卡的前 4 个步骤(第 5 章讨论了前 3 个步骤,第 6 章、第 8 章讨论了第 4 个步骤)。

第 1 步　建立自然好感。

第 2 步　介绍此次拜访。

第 3 步　让对方承认痛苦。

第 4 步　了解客户需求(创建构想或重塑构想)。

本章接着介绍客户拜访提示卡中帮助你接触权力支持者的步骤，这些步骤如下：

第 5 步　征得客户同意继续协商。

第 6 步　判断购买决策权。

第 7（a）步　为接触权力支持者进行协商。

在第 4 步的结尾，你通过总结所创建或重塑的购买构想结束了九格构想创建模型。现在你可以进入第 5 步了。

第 5 步　征得客户同意继续协商

这一步简单且直接，却是创建构想和确定潜在客户购买能力两者之间的一个重要的连续体。

⇨ 在这一阶段，客户的想法是什么呢？

客户在考虑是否往下进行，是否准备把这个新的想法上报给权力支持者。

⇦ 在这一步，你该采取怎样的行动来与客户保持一致呢？

你应该问一些能帮助你判断客户是否愿意往下进行的问题。我建议你从下面两个选择中选一个。

> "我相当确定我们可以为您提供那些能力,我想先向您证实一下我能提供的资源。如果它们证实了我们刚才所讨论的,你愿意进一步对我们进行评估吗?"[征得客户的同意]

或

> "我肯定我们能为你提供那些能力,我希望能有机会向你证明一下。你能给我这个机会吗?"[征得客户的同意]

虽然这两个例子区别不大,有时候你可能更喜欢其中的一个语气,而不是另一个。

第一个选择的承诺度较小,你可以在以下这些情况下使用。

- 当你确定你所面对的是一个普通支持者时,你不想对一个不能做出购买决定的人过度承诺。
- 当你不确定是否可以实现全部构想,需要核实一下你的资源。
- 当你对你的能力很自信,但想采取一种顾问咨询的方式,而不想这么快给出答案。

第二个选择的承诺度较高,你可以在以下这些情况下使用。

- 当你确定你面对的是权力支持者,并且想快些获得决策人的信任时。
- 当你处于一个构想重塑的情形下,对已确定的需求只有很少时间回应。
- 当你对你的能力很自信,不想延长销售周期时。

假设客户没有主动把你引荐给权力支持者,前进至第 6 步。

第6步　判断购买决策权

➡ 在这一阶段，客户的想法是什么呢？

客户在决定是否告诉你权力支持者的身份。

⬅ 在这一步，你该采取怎样的行动来与客户保持一致呢？

你应该问一些可以引出权力支持者身份的问题。一个办法是问一个试图了解购买流程的问题，如下面的例子所讲述的那样。

> "也就是说您已经确信您真的有可能[重复购买构想]而且想进行下去。那么接下来您准备做什么呢？需要涉及其他人吗？"

当你问："需要涉及其他人吗？"你在试图了解购买流程，了解谁是对购买决策最有影响的人。这个问题能检验你所面对的人是一个普通支持者，还是权力支持者。

本章我们将要看一个情境，在这个情境中客户显示出了扮演支持者角色的意愿。

支持者检查表

客户将

☐ 提供关于公司和项目的信息。

☐ 积极地促成这个机会并且在内部为你宣传。

☐ 不做购买决定，尽管他有可能影响决定。

☐ 把你引荐给权力支持者。

一旦潜在支持者透露了权力支持者的身份，你就应该前进到客户拜访提示卡的下一步。

第7（a）步　为接触权力支持者进行协商

❏ 必要的话，拿出交换条件进行交涉，争取接近权力支持者。

➡ 在这一阶段，客户的想法是什么呢？

客户的痛苦的严重程度、你诊断痛苦和创建构想的能力会决定客户的心态。一般来说，如果客户的痛苦比较严重，并且他喜欢你对他说的东西，这种情况下客户通常非常愿意把你引荐给权力支持者。另外，客户在把你引荐给权力支持者之前，需要完全确信你提供的解决方案确实有效。

⬅ 在这一步，你该采取怎样的行动来与客户保持一致呢？

你应当要求会见权力支持者（例如，我们能跟他约个时间吗？）。如果要求被拒绝，你应当提出一些交换条件。正如下面例子中所说的那样。

"现在也许还不太成熟,但我想说的是,我还不太确定向您证明我们能力的最佳方法,我想先核实一下我们的资源,不管用哪种方法,都需要使用我们的一些资源,我愿意在今天做出承诺。如果这样能向你们证明你们能够[重复购买构想],到那时你们能把我引荐给[权力支持者]吗?这样公平吗?[征得客户的同意,结束谈话。]"

需要注意的是,这个例子中的措辞可能不适用于你的行业或情境。我希望你掌握这一概念,把它转化成适用于你的行业的语言。最终和客户达成公平的互换。

"那样公平吗?"是你问客户的一个非常有效的问题,它可以用来分析客户的理性程度。只有当他相信你所描述的能力会使其实现购买构想时,你才要求客户把你介绍给权力支持者。我相信大多数人会觉得这确实是一个公平的交易。

在这一阶段,大多数对怎样解决问题已有构想的客户会同意这个交换条件的。如果出于某些原因客户拒绝,你应该做以下 3 件事中的一件。

- 自己寻找其他支持者。
- 向客户要一个他认为会帮助你的联系人的名字。
- 巧妙地退出。

❏ 结束谈话,找到后续的会面对象并写支持者信函

如果客户同意交换条件,你就应该结束访问,建议下一步做

什么，包括总结谈话中了解的信息，以及你方履行协议条件的具体方法。这可以用以下的例子说明。

> "感谢您给我时间，我将核实一下我的资源，然后给您发信或电子邮件以核实我对您的情况的理解。信中我会详细说明我们向您证明这些能力的具体方法，您会很快收到我的电子邮件的。"

一个好的支持者信函的正文应包含 6 个关键要素。我在后面的信函范例中突出了这 6 项。你可以看看自己能否分辨出这 6 个要素。

练习：确定支持者信函要素（1）

活动
- 阅读下面用以创建构想的支持者信函范例。
- 确定信函范例中用下画线和数字标注部分属于哪个要素。
- 记录每个要素对应的编号。

关键要素	编号（1~6）
需要的能力（购买构想）	_____
建议的证明步骤	_____
痛苦	_____
协商接触权力支持者	_____
痛苦的原因	_____
同意进一步合作	_____

答案：需要的能力（购买构想），3；建议的证明步骤，6；痛苦，1；协商接触权力支持者，5；痛苦的原因，2；同意进一步合作，4。

创建构想的支持者信函（电子邮件）范例

亲爱的史蒂夫：

非常感谢你对我们公司感兴趣。写这封信的目的是总结一下我对我们谈话内容的理解，以及我们的行动方案。

我们对以下问题进行了讨论。

❶ <u>你的主要问题是差 1 000 万美元未能实现新客户收入目标。</u>

❷ 你未能实现新客户收入目标的原因如下：
- 你的销售人员花费了太多的时间处理现有客户的<u>重复业务</u>，而不是发展新客户。
- 销售人员花费了太多时间回答客户的常见问题。
- 潜在客户不知道你的促销。
- 你的销售人员没有请现有客户推荐潜在的新业务。

❸ 你说你需要的能力如下：
- 客户无论何时需要订购，都能够通过网络查看公司存货并进行订购，得以发货并得到确认。
- 客户有问题时，他们可以在你们的网站上点击常见问题菜单或者选择"我需要帮助"按钮，连接到你们组织的相关人员。
- 进行促销时，你的销售人员能够生成有针对特定人的信息，并通过电子邮件发布给他们的客户。
- 客户在你的网站上订购时，需要提示客户提交关于新业务机会的建议。

你说如果你具有了这些能力，你的销售人员就会有时间发展新客户，从而使你能够实现新客户收入目标。

我们下一步要做的事项如下。

❹ <u>你同意和我们组织进一步合作，并且如果</u>❺<u>我们能够成功地向你提供这些能力，你会把我们引荐给你们的财务副总裁吉姆·史密斯，你曾经提到吉姆对于收入缺口及其对利润的影响感到不满。</u>❻<u>我提议我们与一个在我们帮助下实施了电子商务的销售经理安排一次会面。</u>

我相信你会喜欢我们的东西，并且会把我们介绍给你们公司的其他人。我星期一再给你打电话进一步协商此事。

比尔·哈特

 ## 创建构想的支持者信函（电子邮件）

概述

创建构想的支持者信函是分发给潜在客户的信或者电子邮件，用于记录和核实你已经创建的购买构想，同时进一步核实客户想把你引荐给权力支持者的意愿。支持者信函实质上是对你们谈话内容的确认。

何处使用、如何使用

创建构想的支持者信函包括6个要素，6个要素是你用自己的语言总结的你和支持者谈话的内容。这些要素如下：

1. 痛苦。
2. 痛苦的原因。
3. 需要的能力（购买构想）。
4. 同意进一步合作。
5. 协商接触权力支持者。
6. 建议的证明步骤——你对于获得许可接触权力支持者的回报。

应达到的效果

- 对于创建构想谈话内容的共同理解。如果潜在支持者不同意信函汇总的要素内容，你在进行下一步之前能够及时发现。
- 负责人会觉得你周到、专业、有条理。
- 接触权力支持者。

> **需要的信息**
>
> 　　要创建支持者信函，你需要了解支持者痛苦的详细情况、痛苦的原因、已创建的购买构想，以及证明能力的各种方法选择。

　　用以确认创建购买构想谈话内容的支持者信函，与用以确认构想重塑谈话内容的支持者信函稍微有些不同。

> **练习：确定支持者信函要素（2）**
>
> **活动**
> - 阅读下面的构想重塑支持者信函范例。
> - 确定信函范例中用下画线和数字标注部分属于哪个要素。
> - 记录每个要素对应的编号。

关键要素	编号（1～6）
潜在客户的初始构想	_____
对公司的影响及接近权力支持者	_____
销售人员的其他能力	_____
扩展的购买构想	_____
对所有供应商的资料要求	_____
原因及其导致的痛苦	_____

　　答案：潜在客户的初始构想，1；对公司的影响及接近权力支持者，5；销售人员的其他能力，2；扩展的购买构想，3；对所有供应商的资料要求，6；原因及其导致的痛苦，4。

构想重塑的支持者信函（电子邮件）范例

亲爱的史蒂夫：

　　非常感谢你对我们公司感兴趣。写这封信的目的是总结一下我对我们谈话内容的理解及我们的行动计划。

　　❶<u>你需要的能力</u>：你打电话时说你在寻找一个能使客户通过网络订购的方法。谈话中你更明确地说，你希望客户在想订购的时候能够在网上查看存货、进行订购、得以分配并得到确认。

　　❷<u>随着谈话的深入，你告诉我你还需要一种方法</u>：就是当客户有问题时可以选择"我需要帮助"按钮，和你的销售部门的有关人员通话；还有就是新产品促销时，你的销售人员可以生成针对个人的信息，在客户从你们的网站上订购时发送给他们，或通过电子邮件发给他们。

　　❸<u>你说如果在使客户自行订购之外再有这些能力的话，你的销售人员就有时间发展新客户，从而使你能够实现新客户收入目标</u>。

　　❹需要一个新系统的原因：

- 你们的销售人员花费了太多的时间处理现有客户的重复业务。
- 销售人员花费了太多时间回答客户的常见问题。
- 潜在客户不知道你们的促销活动。
- 你们的销售人员没有请现有客户推荐潜在的新业务。

<u>这导致了新客户收入目标 1 000 万美元的缺口</u>。

　　我们下一步要做的是：❺<u>你谈到你现在的这种状况直接影响首席运营官唐娜·莫尔和财务副总裁吉姆·史密斯。你将安排一个我和他们的会面以讨论这个问题对组织的影响</u>。那时我们可以共同商定下一步怎么做。

　　❻就像我们谈话中所说的那样，<u>你要求我可以提供这些能力，并且你也会要求其他潜在供应商提供同样的资料</u>。

　　至于我们下次会面的时间，我下周二和周三下午 1 点到 5 点有时间。我下周一上午再给你打电话约定时间，会谈时间在 45 分钟左右。

比尔·哈特

> **练习：创建支持者信函**
>
> **活动**
> - 使用下面的模板。
> - 写一封能发给你的客户的支持者信函。
> - 根据销售机会的起源选择创建构想信函模板或构想重塑信函模板。
>
> **注意**：支持者信函的 6 个要素要求你已经和某位支持者进行过关于构想的谈话，并且对接下来的步骤已达成一致。

创建构想的支持者信函（电子邮件）模板

亲爱的____［支持者姓名］:

　　非常感谢您对_____［你的公司］感兴趣。写这封信的目的是总结一下我对我们谈话内容的理解及我们的行动计划。

　　我们对以下问题进行了讨论：

您的主要问题是_____

产生主要问题的原因是

原因 A:_____

原因 B:_____

原因 C:_____

您说解决这些问题所需的能力是

能力 A:_____

能力 B:_____

能力 C:_____

我们下一步要做的是：

您同意和我们公司进一步合作，您说如果我们能够成功地为您提供这些能力，您会把我引荐给_____［权力支持者的姓名和职位］，您曾经提到他对于［你的关键业务问题］对其____的能力的影响感到不满。

我建议_____
_____

［如果证明你能力的步骤是接近权力层的一部分，描述一下它］。

我相信您会喜欢我们的东西，并且会把我们公司介绍给其他人员。

我_____给您打电话进一步商讨此事。

祝好！

构想重塑的支持者信函（电子邮件）模板

亲爱的____［支持者姓名］

　　非常感谢您对____［你的公司］感兴趣。写这封信的目的是总结一下我对我们谈话内容的理解及我们的行动计划。

　　您需要的能力：我们开始谈话时，您正在寻找［描述最初需要的能力］的能力——

　　能力A：_____

　　随着谈话的深入，您告诉我您还需要一种方法［描述需要的其他能力］——

　　能力B：_____

　　能力C：_____

　　能力D：_____

　　您说如果您有了这些能力，您就可以更好地解决_____的关键业务问题。

　　您的这个关键业务问题的原因是

　　原因A：_____

　　原因B：_____

　　原因C：_____

　　原因D：_____

　　我们下一步要做的是：

　　您同意和我们的公司进一步合作，您说如果我们能够成功地为您提供这些能力，您会把我引荐给_____［权力支持者的姓名和职位］，您曾经提到他对于［你的关键业务问题］对其_____能力的影响感到不满。

　　我们可以共同商定下一步怎么做。就像我们谈话中所说的那样，您要求我证明可以提供这些能力，并且您也会要求其他潜在供应商提供同样的证据。

　　我盼望着在_____时再次会面。

小结

　　成功接近权力支持者是赢得销售机会的关键步骤。有时候这不容易做到，所以有效的协商非常重要，它能使你接触权力支持者，除此之外你可能没办法做到。协商的关键是，为了接近权力支持者用你的时间和资源做一个公平的交换。

第 10 章
控制购买流程

为什么控制购买流程很重要?

说到底,一切都是为了最终赢得销售机会。如果你能控制购买流程或者能对之施加影响,你就能赢得机会。

第 9 章介绍了成功销售公式:痛苦×权力×构想×价值×控制=成功销售,目的是强调接触权力支持者的重要性。本章将介绍接触到权力支持者以后的销售活动。这些活动将帮助你控制购买流程。本章的重点是成功销售公式中的最后一个因素:控制。

解决方案销售对"控制"一词的定义有很多种。

1. 把潜在客户引向你想要他去的方向。
2. 能够控制购买流程,而不是客户。
3. 让客户接受你的方式。

从本质上讲,控制是一种以顾问咨询而非摆布的方式影响并引导购买流程的能力。

本章介绍一些原则、练习和辅助工具来帮助你对购买流程施加控制。解决方案销售的辅助工具有下面 4 个。

 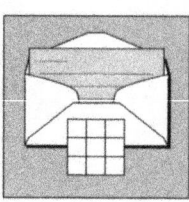 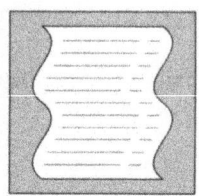 

客户拜访提示卡　　权力支持者信函　　评估计划　　"是否继续"
第 7（b）步　　　　　　　　　　　　　　　　　　步骤完成信函

从支持者过渡到权力支持者

你与支持者会面和之后与权力支持者会面，两者的时间差，短的可能只有几分钟，长的可能几天、几星期，甚至几个月，这取决于具体情况。无论时间长短，当你向支持者证明了你自己后，按照先前定好的协议，支持者有责任帮助你接触到权力支持者。

权力支持者检查表

客户

❏ 有足够的影响力或权力（不管什么职位），即使这项购买没有预算，只要他愿意，就能做出购买决定。

❏ 会带你进入公司中任何一个你需要的地方。

❏ 会就导致购买决定的一系列步骤做出承诺。

一旦接触到权力人士，你实际上需要从头再来。你需要确定权力支持者的痛苦，创建和你的独特能力相一致的构想，正如你先前与支持者做的一样。我建议你做一下第 5 章的客户拜访提示卡的前 6 步所介绍的活动。主要区别是，你现在面对的是一个能够影响购买决定或者有权力做出购买决定的人。正因为这个人的影响和权力，所以你要尽可能多地了解他怎样购买，以及他的评价标准可能是什么。详见下面客户拜访提示卡的第 7（b）步。

第 7（b）步　与权力支持者沟通购买流程

⇨ 在这一阶段，客户的想法是什么呢？

客户在决定是否认真对待这个机会。

⇦ 在这一步，你该采取怎样的行动来与客户保持一致呢？

你应该问这样的问题：

- 能消除客户评价标准中所有含糊之处的问题。
- 提出你认为能使评价标准对你有利的观点的问题。

在你阅读和思考这些问题时，要记住你的销售情况可能比这个例子要简单些。依据销售环境调整你的方法。

❏ 问开放型问题，确定提案的基本原则

下面有一个开放型问题的例子，它引导权力支持者描述他希望如何评价供应商及其解决方案。下面还有其他帮助你了解评价过程的问题。

> "您希望以什么方式评估我们？"[用笔记下客户的每项请求，同时重复一遍。不要表示同意或不同意]

> "假如我们双方到了想做这笔业务的程度，是否还需要经过法律、技术审核、管理方面的审核？"

> "您希望我提交一个提案吗？[征得客户的同意。]您希望提案中包括价值分析部分吗？"

当你试图通过提问"您希望以什么方式评估我们"来确立提案的基本原则时，你应该做笔记，记录下客户的要求。一定要记住，不要对权力支持者的任何要求表示同意或不同意。我为什么要这样建议？简单地说，现在对于你来说不适合讨论某个要求合理不合理这些细节问题。这样做，一个危险的后果是，重点可能从一个很好的购买构想和客户想象自己获得的价值转向"这么一件小事情"你都不肯做。处理权力支持者的要求有更合适的时间，采取的是一种叫作"评估计划"的形式。这个评估计划会帮助你确定在那之后的销售流程。我们下面很快会介绍。

我建议，作为确定购买流程的一部分，你应该试图了解客户方都要经过什么人的同意。所以你应当问一个诸如此类的问题："假如我们双方到了想做这笔业务的程度，是否还需要经过法律、技术或管理方面的审核？"我的意思不是问一些会额外增加所需时间和努力的问题，我想说的是与其忽视这些问题，到头来措手不及，还不如现在就把购买流程搞清楚。

我建议你询问客户"您希望我提交一个提案吗？"你问这个问题是因为，它给你提供一个机会，以你自己的措辞定义提案，并且能使你控制何时及在何种情况下提供这个提案。

❏ **声明"没有新信息"和提案前主题审查**

下面的陈述建议用于在提交最终提案之前对提案进行审查。

"当您要我准备一个提案时，我希望您知道，提案中将不包括任何新信息。它只是记录和确认到那时为止我们已经讨论过的业务安排。"[征得客户的同意]

"我建议（如果我们能进行到那一步的话），在我们提交最终提案之前一个星期，我拿出一个草案。我们称为'提案前审查'。这样做有两个好处。对于您来说，好处是最终提案内容不会有意外；对于我来说，好处是我第一次就能够正确无误地准备。"[征得客户的同意，结束谈话]

第7（b）步的这一部分明确了提案过程，确定了在最后提案递交前的一个重要会面。最后的问题就是，请客户同意提案的内容。

❏ **结束谈话，写包含评估计划的权力支持者信函**

假如客户同意了提案的内容，你应当结束谈话，并且建议下面的步骤，如下面的例子所示。

"谢谢您。我把这张列表带回去,然后草拟一个初步计划,供您来评估我们的[公司、产品、服务]。您在一两天内会收到评估计划的草稿。我将给您打电话讨论此事。"

现在,我们面对的是权力支持者,我们会乐意为评估投入资源,结束谈话时,把建议提出来。然后我们通过权力支持者信函核实我们的理解,并且附上建议的评估计划。

 **权力支持者信函(电子邮件)**

概述

权力支持者信函或电子邮件是一封发给潜在客户的权力支持者的信或电子邮件,用于记录和核实你与其创建的购买构想。权力支持者信函与支持者信函无论在形式还是内容上都很相似,不同之处是权力支持者信函需要附带评估计划。实际上,权力支持者信函是对你们进行的对话内容的确认。

何处使用、如何使用

权力支持者信函包括 6 个要素,6 个要素是你用自己的语言总结的你和权力支持者的谈话内容。这些要素如下:

1. 痛苦。

2. 痛苦的原因。
3. 需要的能力（购买构想）。
4. 对组织的影响。
5. 进一步探究协商。
6. 评估计划。

应达到的效果

- 创建构想谈话内容的共同理解。如果潜在权力支持者不同意信函中的要素内容，那么你在进行下一步之前能够及时发现是有好处的，因为你可以采取措施加以纠正。
- 权力支持者会觉得你周到、专业、有条理。

需要的信息

要创建权力支持者信函，你需要了解权力支持者痛苦的详细情况、痛苦的原因、已创建的购买构想。同时，你应该能够说出权力支持者的痛苦对公司中其他人的影响。

权力支持者信函（电子邮件）范例

亲爱的吉姆：

　　谢谢您在今天与史蒂夫·琼斯及我会面。我相信我们的会谈对双方来说都是很有成效的。

　　我们对以下问题进行了讨论。

　　您的关键问题是，收入不足导致利润下降。您说您比原计划收益减少800万美元。

　　利润下降的原因如下：

- 未实现新客户收入目标。
- 运营成本上升。
- 信用坏账增多。

您需要的能力：

- 当客户浏览你们的网站时，可以在网上订购并进行确认，可以通过常见问题菜单找到常见问题的答案，可以得到产品促销的通知，可以得到推荐新机会的提示。
- 客户能够点击"常见问题"菜单，得到自己的问题的答案，仅在特殊情况下才会需要客户服务代表。
- 在接收订单之前，您的网站能够提醒客户需要解决的未偿付信用问题，另一个功能就是客户能和您的会计部门人员通话。

　　您说如果有了这些能力，史蒂夫就能实现他的收入目标，唐娜·莫尔就能减少其操作性支出，审计员也能减少其应收账款的平均周期，公司最少能增加450万美元的利润。

　　我们下一步要做的是：

　　当我告诉您我相信我们公司能帮助您结合现有的内部会计和库存系统实施电子商务，您表示同意投入必要的资源对我们的能力进行评估。根据目前已了解的情况，我附上一份建议性评估计划，便于您更好地了解我们公司。请与史蒂夫一起参考，我将于2月7日给您打电话，届时希望得到您的意见。

 附件：评估计划草案

比尔·哈特

第 10 章 控制购买流程

 评 估 计 划

概述

评估计划是一个与权力支持者信函一起使用的销售辅助工具。它建议了一些你可以采取的步骤。

何处使用、如何使用

评估计划记录你和权力支持者达成一致的时间。你为每个事件规定一个日期，以期在约定的日期结案。这有助于你控制和缩短销售周期。评估计划应当是买卖双方共同的项目方案。

应达成的效果

评估计划记录在销售过程中发生的事件及事件的先后顺序，能够帮助你控制购买流程。通过与客户共同管理这个计划，你能够预测何时需要何种资源，预见在结案时将遇到的潜在障碍。权力支持者对计划草案所做的改动表明其已把这当成自己的事，以及对这种方法的认可。

需要的信息

要创建评估计划，你需要了解客户的购买标准，并且就你提出的评估方法与客户达成一致。其他需要考虑的事情如下：

- 月底、季度末、年终和其他定期进行的事件。
- 这些事件中哪些需要付款。
- 完成每个事件所需要的时间。
- 执行方案中的事件所需要的资源。

评估计划的小贴士

在一系列事件中尽早要求和客户方的其他人员会面,有可能的话把它作为第一步。通过与痛苦链中的其他受益人会谈,不仅可以使你尝试扩大机会的范围,同时也可以使你检验客户的地位及其对继续合作的认真程度。

另一个要尽早进行的是,总结从会谈过的各个人员那里了解的情况。在往下进行之前一定就评估计划内容达成共识,因为接下来的事件会要求买卖双方都投入时间、资源和财力。

在向客户报价和创建价值验证之前,你应当了解客户需要的所有能力并得到他们的认同。这可能还包括一些附加能力,如实施服务和客户支持服务。

进行价值分析,正是建立成功标准的一个好时机。这个时候这样做显得很自然,因为成功标准和价值分析中描述的双方就其达成一致的收益很相似。

在一连串事件的早期争得客户的同意(法律、技术和管理方面的审核),而不是等到销售流程的后期让它们成为障碍。

建议进行提案前审查,这样客户不会对最终提案的内容感到意外。提案前审查就安排在最终提案提交之前。

按照这些建议去做，你就能确定事件的最佳顺序，拿出最有效的评估计划。在看评估计划范例之前，我想让你自己练习一下这一过程。

> **练习：创建评估计划**
>
> **活动**
> - 阅读下面场景。
> - 回顾 6 条评估计划的小贴士。
> - 将后面表格中的事件按照它们应当出现的最佳顺序重新排序，以创建最有效的评估计划。
>
> **注意**：为了帮助你开始，有几个事件已经填入"重新排序后的事件"一栏。

场景

销售人员比尔·哈特已经会见过支持者（史蒂夫·琼斯，销售副总裁），也会见过权力支持者（吉姆·史密斯，财务副总裁）。他们两人都对如何解决他们的痛苦问题有了明确的购买构想。他们提出希望进行两次主要的能力证明。

1. 方案被接受以后，向管理层的核心成员证明操作能力。
2. 在签订有法律效力的合同之前，通过详细的价值分析探讨投资可能获得的收益。

他们还提出希望去参观比尔·哈特的总部，会见比尔的大团队。他们建议就在对提案进行第一次审查之前做这件事。

比尔认为有必要会见客户方将从其推荐的能力中获益的其他关键人员，同时也有必要在拿出初步的解决方案之前对现有的系统进行详细的调查。

事件列表	重新排序后的事件
	1. 会见销售副总裁（已完成）。
	2. 会见财务副总裁（已完成）。
• 提交提案，征得同意。	3.
• 确定并提供价值验证。	4.
• 过渡性启动，确定成功标准。	5. 向高级管理团队概述调查发现，同意评估计划。
• 参观公司总部。	6.
• 获得法律条款和条件的认同。	7.
• 电话约谈约翰·瓦金斯（首席信息官）。	8. 拿出初步的解决方案和设计。
• 拿出初步的解决方案和设计。	9.
• 衡量成功标准。	10. 确定并提供价值验证。
• 对现有系统进行详细调查（两天）。	11.
• 向高级管理团队概述调查发现，同意评估计划。	12.
• 信息技术部同意实施方案。	13.
• 电话访谈唐娜·莫尔（首席运营官）。	14.
• 向高级管理团队证明能力。	15.
• 就初步成功标准达成一致。	16.
• 提案前审查会议。	17.
• 授权合同生效。	18.

　　建议的事件顺序见下面的评估计划范例。正如你可能想到的那样，几乎任何机会都有细微差别，这可能导致事件顺序改变。

评估计划范例

[草案]					
事件	时间	✓	责任方	是否继续	是否付费
电话约谈约翰·瓦金斯（首席信息官）。	2月14日		我方/TGI		
电话访谈唐娜·莫尔（首席运营官）。	2月14日		我方/TGI		
向高级管理团队概述调查发现，同意评估计划。	2月21日		我方/TGI	*	
向高层管理团队证明能力。	2月28日		我方	*	
对现有系统进行详细调查（两天）。	3月4日		我方		是
拿出初步的解决方案和设计。	3月11日		我方	*	
信息技术部同意实施方案。	3月18日		TGI	*	
确定并提供价值验证。	3月18日		我方/TGI	*	
就初步成功标准达成一致。	3月18日		我方/TGI		
授权合同生效。	3月18日		我方		
获得法律条款和条件的认同。	4月4日		TGI	*	
参观公司总部。	4月11日		我方		
提案前审查会议。	4月18日		我方		
提交提案，征得同意。	4月25日		我方	*	
过渡性启动，确定成功标准。	5月10日		我方/TGI		
衡量成功标准。	持续		TGI		

*表示双方需要共同决定是否继续。

销售周期短。如果销售周期短，评估计划可以很简单，只包括几个确定的步骤，附在权力支持者信函的后面。

一次性结案。如果你想一次成交，评估计划概念仍然适用。在你与客户交谈时，你可以口头说明评估计划，确认步骤，之后马上提供证据。

评价和购买流程越复杂，评估计划包含的内容可能越多。前面的评估计划范例除事件顺序外又包含了其他几个栏目。这些栏目如下：

- **日期**。这可以帮助你向客户提出完成评估计划中所有事件的时间框架的建议。
- **√**。对号栏的地方可以用来标注事件已完成。在下列情况下这个栏目很有用：客户接受了评估计划；事件的执行持续较长时间；需要定期更新评估计划。
- **责任方**。这个栏目标注谁是事件的主要负责方。在上面的评估计划范例中列的是客户的名称（此处是一个虚构的组织 TGI）和销售公司的"我方"。也可以更具体些，可以列出负责事件的客户或销售公司具体支持者的名字。
- **是否继续**。这个栏目是为了减轻客户的压力。客户可以在每个星号标注的步骤，决定是否把这个机会继续进行下去。这样买卖双方都有了控制权，也就是说，如果由于某个原因继续这个机会没有意义，双方都可以选择"退出"。
- **是否付费**。这个栏目标注需要付费的事件。把需要付费的事件包括进去可以用来判断客户的认真程度，也可以作为你与客户谈判的一个条件。如果双方能结案，你可以退还那些费用，尽管你已经证明了你的服务的价值。

如果你在评估计划中标明是草案，那么你是在请权力支持者提出建议和做一些改动。这样做很好。如果有人改动了某些东西，说明这个人把它当成自己的了。如果某个人很平淡地说："这个看起来很完美。"这很可能说明他根本没有读过。

一旦评估计划被客户接受并且已开始执行其中的步骤，我建议你在成功完成每个"是否继续"步骤后都要给权力支持者一个简短的信件。

 ## "是否继续"步骤完成信函（电子邮件）

概述

"是否继续"步骤完成信函是写给权力支持者或其他负责执行评估计划步骤人员的信件。写这个信件的目的是确认评估计划中的"是否继续"步骤已完成。

何处使用、何时使用

"是否继续"步骤完成信函应该在评估计划中任何一个被指定为"是否继续"决定时间完成以后使用。对于客户方其他参与决定过程的个人，可以给其发送信件或电子邮件。信函的目的只是提醒涉及的各方哪些步骤已经完成，何时完成的，以及下面要进行什么步骤。

应达到的效果

"是否继续"步骤完成信函能够确保参与其中的每个人都了解计划的实施进程，从而与之保持一致。此外，它也能提示人们有必要投入额外的时间和资源。

需要的信息

在创建"是否继续"步骤完成信函前，评估计划应该已经完成，事件或步骤、"是否继续"决定点、日期都应当标明。

> 注意:"是否继续"步骤完成信函是使你始终走在客户前面的一个非常简单而有效的方法。你也可以包括或附上更新后显示所做变动及标注已完成时间的评估计划。

"是否继续"步骤完成信函(电子邮件)范例

收件人: jsmith@tgi.com

抄送: sjones@tgi.com, dmoore@tgi.com, jwatkins@tgi.com, sbrown@tgi.com, kwhite@sellerscompany.com

主题: 评估计划——步骤完成

亲爱的吉姆及您的团队:

我非常高兴地通知您,另一个里程碑已经完成。在2月21日您的团队同意了评估计划。您要求的变动已经在附件中体现出来。

我们下一个里程碑是在2月28日的那一周,管理层全体成员准备拜访我们的客户,并且将会见他们的高级管理人员。

再次感谢您对这项工作的持续支持。

附件: 更新的评估计划

比尔·哈特

练习：创建权力支持者信函

活动
- 给在你的销售机会中担任权力支持者角色的人写一封权力支持者信函。
- 使用下面的权力支持者信函模板。

权力支持者信函（电子邮件）模板

尊敬的_____[权力支持者姓名]：

感谢您与_____[支持者姓名]和我在今天早些时候会面。我相信我们的会谈对双方来说都很有成效。

我们对以下问题进行了讨论：

您首要的关键问题是_____

引起您的关键业务问题的原因是

原因 A：_____
原因 B：_____
原因 C：_____

您说解决这一问题您需要的能力是

能力 A：_____
能力 B：_____
能力 C：_____

我们下一步要做的是：

当我告诉您我相信我们公司能帮助您_____。[描述权力支持者的目标]，您同意对我们的能力进行认真调查。根据目前已经了解的情况，我给您附上一份建议性评估计划，以便您更好地了解我们的公司。

请与_____[支持者]一同参考，我将于_____给您打电话希望得到您的意见。

附件：评估计划草案

比尔·哈特

> **练习：创建评估计划**
>
> 活动
> - 草拟评估计划。
> - 使用下面的评估计划模板。
>
> 注意：创建评估计划时参考评估计划检查表。

评估计划检查表

你的评估计划是否包括了如下事件或要素。

☐ 说明你的计划只是一个草稿。

☐ 考虑了权力支持者评估的标准要求。

☐ 包括客户方其他可能需要会谈的关键人员。

☐ 促成与客户的早期会面并总结成果。

☐ 介绍你方完成某个特定事件可能要使用的资源、业务伙伴或第三方供应。

☐ 展示价值（价值验证、价值分析、完善后的价值主张、投资收益等）。

☐ 完成了所有必要的证明要求。

☐ 考虑了任何法律、技术、财务和管理方面的问题。

☐ 反映能加强你的地位的行动。

☐ 鼓励客户继续接受你的观点。

☐ 时间和日期安排合理。

☐ 确定任何一个有可能需要付费的活动。

☐ 建议每个事件由谁主要负责。

☐ 说明实施问题、实施方案和方法。

☐ 提议进行提案前审查。

☐ 主张建立和衡量成功标准。

评估计划模板

[草案]					
事件	时间	✓	责任方	是否继续	是否付费

*表示双方需要共同决定是否继续。

小结

如果对购买流程加以控制,你就会赢得机会,否则,就会失败。

第 11 章
销售价值

为什么销售价值很重要？

回想一下在你销售职业生涯中你曾参与过的所有机会。每个机会的最终结果要么是赢得机会，要么是失去机会，抑或是潜在客户未做任何决定。在所有机会中，每种结果所占的百分比是多少？把数字写在下面相应空格处。

赢得机会：____%　失去机会：____%　未决定：____%=100%

几年前，我和同事约翰·罗斯梅梭一起外出。约翰信奉价值验证模型，喜欢就现金流、内部回报率和其他财务分析方法进行深入的讨论。在这次旅行中，约翰打了一个比方，说明了价值验证的重要性。他说："基斯，银行家整日坐在他们的资产上并不能赚钱。"他咯咯地笑起来，然后继续说："他们通过把资产进行投资，获得利润。潜在客户也一样，他们希望把钱投到最有商业价值的项目上。"这给我留下了深刻的印象。

我越想他那句话，越明白这个道理。客户对目前的项目未做任何决定并不意味着销售人员失去了机会，如果客户决定把钱投资到另一个回报更高的项目上，那才是失掉了机会。这就是说，应该始终提供某种程度的价值验证。你永远不会知道你何时会与一个会计系统、一批新卡车、一套新办公家具,还是其他资本运用方式竞争。

注意: 为你的业务建立价值验证模型,这项工作应该由那些有财务背景或能力的人来完成。作为一名销售人员,你可能不了解建立模型所需要的所有细节,但你应当明白怎样使用它们。当然,具体情况应该具体对待。如果你的业务并不需要非常复杂的价值验证,你应该适当修改以适应你和客户的需要。

本章介绍一些原则、练习和辅助工具,帮助你销售价值。解决方案销售的工作辅助工具有下面两个。

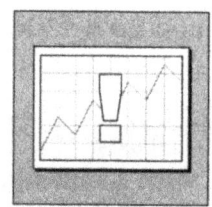

价值验证模型

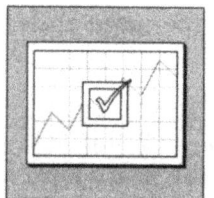

成功标准

价值验证模型

我有时听到一些销售人员谈论起价值验证这个话题就好像它是魔鬼。当然,我也做不到约翰那样,我没有把周末时间花在建立复杂的涉及数学公式的价值验证模型上。我没那个天分,大多数销售人员也都没有。

但我确实知道,当一个销售人员试图说服客户花费一笔数目可观的钱的时候,客户的公司中会有人负责论证投资的价值。如果你知道会是这样,那你就应该把工作做到他们前面。

最好的关系建立在价值基础上

当然，若与客户建立了友好关系，那么做起生意来会更让人开心。然而，很多时候销售人员倾向于依赖与客户建立良好的个人关系，而不是客户所得到的价值。

试想一下：在你最大的客户中，你很久以来一直与之联系的人离职了、退休了，或者被辞退了。假如该公司的首席财务官问你："我们公司从你和你们公司那里得到了什么价值？"你将如何回答？

除非你在与客户打交道的整个过程中始终能够表明价值、提供价值、量化价值，否则这将是一个很难回答的问题。所以说，最好的生意关系建立在价值基础上，并且通过价值得以保持。

价值循环

有太多销售人员花了太长时间，等待客户相信他们提供的解决方案具有价值。结果，他们通常最终做出太多让步，从而使收入和利润下降。一个更好的办法就是，把价值作为整个销售流程中的一个有机部分对待。你应该以价值引导，证实你可以提供的价值，通过证明价值帮助结案，并且衡量客户获得的价值。

在第4章，我们讨论了如何通过价值主张激发客户的兴趣。具体做法是，推测现有客户正在获得的价值，预测潜在客户若能达到相同或相似效果有可能获得的价值。

在第6章，我们讨论了如何使用九格构想创建模型来诊断客户的痛苦。恰当的诊断可以帮助你提出那些量化的"深挖"式问题，这些问题能帮助你验证或修改陈述价值主张时所做的初步假设。在验证阶段，随着你发现客户公司中其他人的痛苦，最初的价值主张可以扩展。

本章将进一步讨论，通过让客户认可潜在收益和预计投资，可以使你形成一个更正式的关于价值的陈述（价值验证模型）。此外，我还将讨论如何为项目建立成功标准，以便在项目实施后可以衡量价值。

价值在销售流程的不同阶段表现出不同的作用。

第 11 章 销售价值 • 199

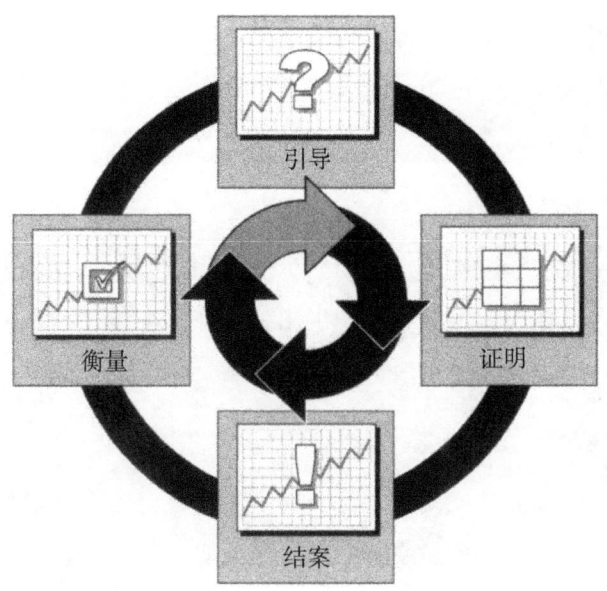

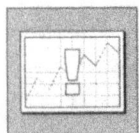 **价值验证模型**

概述

　　价值验证模型的作用是记录并呈现使用你的产品或服务之后预计可获得的相关收益。这些预计的量化收益是相对客户正在进行的总投资而言的。

何处使用、如何使用

　　价值验证模型通常在销售周期的证明阶段使用。该模型为客户提供对预计收益的详细分析（收入、利润增加和成本减少）。此外，对客户进行的投资（一次性投资和持续性投资）的时间安排也进行了说明。

注意：当价值验证模型度量体系来自客户时，使用模型成功的可能性更大。这些度量体系通常产生于你和客户创建构想的谈话中。

应达到的效果

使用价值验证模型可以明确你和客户双方将得到的潜在价值。这为你在与客户的谈判中做出较少让步提供了合乎逻辑的理由，同时也给客户采取行动提供了一个强有力的依据。

需要的信息

要完成价值验证模型，你需要知道客户对整个项目的预计投资额，使用你的产品或服务后预期可实现的相关收益，以及关于何时开始产生利润的合理预测。

注意：谨慎使用投资回报率这个词，因为多数客户对这个词的含义有他们自己的定义。

价值验证模型范例

分阶段进行（单位：千美元）

	第一季度	第二季度	第三季度	第四季度
收益				
收入增长带来的利润增长（1）	0.0	293.33	586.67	880
减少的成本（2）	0.0	33.33	66.67	100
规避成本（2）	13	26	39	52
季度总和	13	352.66	692.33	1 032
累计价值	13	365.66	1 058	2 090
投资				
一次性投资	（641）	（271）	0	0
持续性投资	（97）	（30）	（30）	（30）
季度总和	（738）	（301）	（30）	（30）
累计投资	（738）	（1 039）	（1 069）	（1 099）
净值				
季度总和	（725）	51.66	662.33	1 002
累计总和	（725）	（673.33）	（11）	991

数据来源：
（1）销售副总裁
（2）财务副总裁

第一年净收益：　　991 千美元
损益平衡点：　　　第四季度
投资回报率（第一年）：　90.17%

如何建立价值验证模型

下面的练习可以作为你考虑建立自己的价值验证模型的第一步。注意以下 5 个要素：

- 要衡量什么。
- 谁负责。
- 可能带来多少价值。
- 需要什么能力。
- 投资何时能收回成本。

练习：建立价值验证模型

活动

- 通过回答下面五个问题建立你的价值验证模型：
    - 要衡量什么。
    - 谁负责。
    - 可能带来多少价值。
    - 需要什么能力。
    - 投资何时能收回成本。
- 使用下面的价值验证模型工作表。

注意：

- 可以先进行头脑风暴，思考5个问题的答案，写在一张稿草纸上或本书页边空白处，然后再把最终答案写到表格中。
- 参照表格后面的有关提示。

价值验证模型工作表

分阶段进行（单位：千美元）

	第一季度	第二季度	第三季度	第四季度
收益				
收入增长带来的利润增长				
减少的成本				
规避成本				
季度总和				
累计价值				
投资				
一次性投资				
持续性投资				
季度总和				
累计投资				
净值				
季度总和				
累计总和				
数据来源	第一年净收益：_____美元　损益平衡点：第_____季度　投资回报率（第一年）：_____%			

有关提示：

- 把负值用括号括起来，如-641 用（641）表示。
- 第一季度的季度总和与累计价值或累计投资是相等的。
- 把一个季度的累计价值或累计投资加上下个季度的季度总和就等于下个季度的累计价值和累计投资。
- 第四季度净值的累计总和称为第一年净收益。
- 损益平衡点出现的季度就是净值的累计总和由负值变正值的季度。

- 如果价值验证的投资出现在早期（多数在第一季度），而且启动时间较长的话，就有必要列出长于一年时间的投资收益（如 2～3 年）。

如果看一下第 10 章的评估计划范例，你会注意到，我们建议"确定并提供价值验证"和"就初步成功标准达成一致"两个事件在同一天进行。这是为什么？当潜在客户同意价值验证时，也正是就成功标准达成一致的最佳时机，因为成功标准的基线已经建立起来。

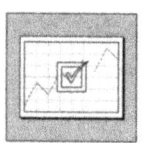 成 功 标 准

概述

成功标准确定了衡量你的能力对潜在客户的有效性和价值的基线。

何处使用、如何使用

成功标准应当在评价阶段由双方共同制定并达成共识。向客户提供了解决方案后，你应当不断地衡量成功标准，并且将结果报告给客户。

应达到的效果

- 客户满意度高，因为客户认识到你提供的解决方案的价值。
- 客户信任你和你的公司。
- 未来项目会带来更多的业务。

需要的信息

要建立初步的成功标准,买卖双方应当就目前的衡量基线达成一致,同时双方应确定衡量每个指标的频率(如每月 1 次、每季度 1 次、每年 2 次)。

注意:应当确保成功标准能够归因于你的产品或服务。过于宽泛的成功标准可能导致外部因素影响最终结果。

成功标准范例

成功标准	基线	第一季度	第二季度	第三季度	第四季度
每季度每个销售人员新增客户的平均数(1)	2.5				
每位客户网上订购的次数(1)	0%				
每季度客户推荐的新机会数目(1)	7.5				
每季度信用坏账(2)	200 千美元				
客户服务人员数目(2)	18				

数据来源:
(1)销售副总裁
(2)财务副总裁

练习:确定成功标准

活动

- 设计一系列合理的能够交给客户征求其同意的成功标准。
    ○ 记录每个标准的基线。

> ○ 参照"练习：建立价值验证模型"，确定具体的标准及每个标准的基线。
> ○ 使用下面的成功标准模板。
>
> **注意**：在真正开始衡量成功标准之前不用填季度栏的信息。

成功标准模板

成功标准	基线	第一季度	第二季度	第三季度	第四季度

| 数据来源： | |

小结

把价值作为整个销售流程的有机组成部分。你应当以价值为引导，应当证明所能提供的价值，通过论证价值来帮助你结案，而且要经常性地对客户获得的价值进行衡量。

第 12 章
达成最后协议

与客户有效达成最后协议的关键是什么？

根据这些年从事销售和销售人员管理工作的经验，我得出的一个结论：如果想与客户有效达成最终协议，你必须坚持以下 3 条原则：

- 正确地定义"结案"，结案是什么，不是什么。
- 为双方营造一个双赢的氛围。
- 为达成最终协议做好准备。

当我对客户提到这些原则的时候，我有时候能知道他们在想什么："基斯，我们承认这些都是很好的原则，但是当你每天不得不面对收入和利润这些数字的压力时，很难坚持这些原则。"

销售人员能赢得所有机会，利润高，花的时间又少，那当然好了，你接着可以进入下一个销售机会。但是，如果销售人员过于追求速度，就不能使客户自然地经历购买流程。销售人员只考虑"我从中能得到什么"，他们就会制造一种"或得，或失"的气氛。过早结案和过于贪婪的做法会使潜在客户感觉不舒服，有一种被人利用的感觉。

本章介绍一些练习和辅助工具，用于支持3条帮助你与客户达成最后协议的基本原则。解决方案销售的辅助工具是谈判工作表。

谈判工作表

"结案"的定义

"结案"这个词很难定义。许多销售人员把它定义为"销售结束时的大事件"。而我更倾向用两种不同的方法定义"结案"：贯穿整个销售周期和在销售周期的最后。

在销售过程中，结案就是一系列的"微型结案"。没有什么能比遵守明确的销售流程和实施评估计划更能说明这个问题了。

在购买过程结束的时候，结案是销售过程自然发展的结果。换句话说，你不应该"不得不"结案，而是应该创造环境和机会，使潜在客户想开始跟你做生意。

在结案时机到时自然结案

如果你能想到现在不是结案的时机，客户肯定也想到了。"结案"的一个定义就是，销售过程自然发展的结果。如果销售人员曾被迫采取那种"早结案多结案"的做法，我奉劝他们提醒他们的经理了解"结案"一词的这个定义。销售人员应当解释他们处在购买流程的什么阶段，这能说明为什么结案还为时尚早。请记住，客户要结案，必须经过购买流程。你的工作就是帮助客户通过那个流程。

事实上，要回答"这个案子今天能结案吗"这个大问题，必须回答下面 5 个问题。

能否结案检查表

- ❏ 你已经和有购买权力的关键人物会面了吗？
- ❏ 就价值验证中的回报达成一致了吗？
- ❏ 征得有关各方（法律、技术或管理）的支持了吗？
- ❏ 评估计划完成了吗？
- ❏ 客户知道整个项目的总投资吗？

如果上述 5 个问题的答案都是肯定的，这时你不仅可以结案，而且能够有效地准备最终的谈判。

准备最终谈判的另一个重要原则是，如果客户提出的条件太苛刻，你应该做好放弃的准备。

 销售中时刻准备好客户会放弃

如果你没有准备好放弃一个机会，那么你很可能也不能有效达成最后协议。

这个原则很简单，但做起来并不容易。如果你不知道你的解决方案能给潜在客户带来什么价值，你就处在一个很明显的劣势之中。为什么？因为这样你就几乎没有讨价还价的能力。

营造双赢的氛围

任何一个双赢的情况都是建立在价值基础上的。我们必须了解客户通过使用我们的解决方案能够获得的价值。对你来说，所谓的"赢"就是你为客户提供价值的公平的补偿，而不是在谈判中击败对方。

在很多时候，人们嘴上说想要一个双赢的局面，他们的行为却并非如此。我更愿意把双赢定义为站在买方的立场上所看到的公平交易。

准备最终谈判

1. 能够对下列问题回答"是"：
   o 你已经和有购买权力的关键人物会面了吗？
   o 就价值验证中的回报达成一致了吗？
   o 征得有关各方（法律、技术或管理）的支持了吗？
   o 评估计划完成了吗？
   o 客户知道整个项目的总投资吗？
2. 准备好进行公平交换。
3. 知道自己能接受的客户提出的让步。
4. 知道你准备做出的让步的量化价值。
5. 准备谈判工作表。

在进行协商时，买卖双方都要避免使用"谈判"这个词，使用这个词几乎总在无意识地传达这样一个信息，即还有做出让步的空

> 间。每当听到某个人说："好，这个问题我们以后可以再谈。"我知道那个人正在准备做出让步。

 ## 谈判工作表

概述

谈判工作表是一个用于谈判前准备工作的工具，它能帮助你抵制住客户可能提出的让步要求。

何处使用、如何使用

为最终敲定销售条件，在双方进行讨论前，谈判工作表应该就已完成。它为你坚持立场提供了一些指导方针。这些立场应该建立在从购买流程中获得的合乎逻辑的信息基础之上。主要"立场"有下面4个（未按重要性排序）：

1. **痛苦立场**　提醒可驱动机会的客户痛苦。
2. **构想立场**　提醒为解决关键业务痛苦所创建的构想。
3. **价值立场**　提醒解决痛苦带来的量化价值。
4. **计划立场**　提醒评估计划，表明实现利润的时间。

应达到的效果

- 减少在价格和交易条件方面做出让步的压力。
- 更高的利润率。
- 更少的让步。
- 谈判更加顺利。

- 更合理的交易条件和条款。

需要的信息

要创建谈判工作表，必须已经诊断出了痛苦，创建了购买构想，完成了价值验证模型并已对有明确实施日期的评估计划达成一致。

谈判工作表范例

今天能否结案？	✓ 有权力购买？ ✓ 就收益达成一致？ ✓ 法律、技术、管理方面的支持？ ✓ 计划已完成？ ✓ 已知近____时间的费用	财务副总裁 财务副总裁、销售副总裁 4 个月	准备好了： ✓ 价格？ ___ 条件？ ___ 风险？

立场一 （计划）	"根据我们公布的计划，<u>5月10日</u>开始实施。问题是否值得等这段时间？"
立场二 （价值）	"我们在计算收益时，你说即<u>使把所有开销都算进去，获得的收益也比你最初的预期高</u>。我们一致认为项目 <u>10 个月</u> 以后能收回成本。"
立场三 （痛苦）	"我们在过去 <u>4</u> 个月以来合作的原因是<u>你未能实现新客户收入目标</u>。只有获得这些新能力，问题才能解决。"
立场四 （构想）	"你告诉我你需要一个方法<u>使客户能够利用普通浏览器通过网络订购，这样你的销售人员可以把精力集中在开发新客户上</u>。你知道，我们能给你提供这种能力。"

"只有你能为我做点什么，我才能为你做点什么。"

客户会问："比如做什么？"

注意：准备一个付出/得到清单，帮助你确定下列这些"得到"和"付出"。

对你来说是否有可能：<u>把第一阶段和第二阶段合并，在本季度内接收硬件送货</u>？

这有可能吗？

安静！除非客户接受了你的条件……

如果你能把第一阶段和第二阶段合并，我们就准备好了<u>给你提供 250 小时的实施咨询服务，价值 50 000 美元</u>。

我们能在此基础上进一步吗？

所有立场都建立在从销售过程中获得的信息的基础之上。计划立场包括了评估计划中的实施日期（见第 10 章）；价值立场包括了在价值验证模型中投资回报时间段（见第 11 章）；痛苦立场包括了在购买构想处理过程中得以确认的销售副总裁的痛苦；构想立场包括了销售副总裁愿意接受的一个或多个能力（见第 6 章和第 8 章）。

下面是一个付出/得到清单范例。请注意，"得到"的第 3 条和"付出"的第 1 条是谈判工作表中的例子。

	付出/得到清单				
对你的重要性	得到	价值（美元）⇔		付出	预计对客户的重要性
1	扩大交易量	100 千	200 美元/时	咨询时间	1
2	成为参考案例客户	?	20 千	培训折扣	2
3	合并项目前两个阶段	20 千	10 千	短期租用执照	4
4	介绍 TGI 具有类似需要的业务伙伴	?	10 千	若有证据证明前面讨论的事项已完成，可提供费用返还	3
5			5 千	降低维修费用	5
不会让步		1	硬件批量折扣		
		2	软件批量折扣		
		3			

练习：准备达成最后协议（1）

活动

- 建立自己的、将与谈判工作表一起使用的付出/得到清单。
  - 回想一下你的销售职业生涯中曾经参与过的最终谈判。
  - 想一想自己希望客户做出的让步（得到），以及客户可能希望你做的让步（付出）。
  - 把你的付出/得到清单用数字进行重要性排序（1=最重要）。
  - 对付出/得到清单中的各项进行分析，确定哪些对你来说最重要，不能让步。把这些重新归类，放到"不会让步"一类。
  - 剩下的"付出"项是可以做出的让步，从客户的角度把它们用数字进行重要性排序（1=预计对客户最重要）。
  - （如果适用的话）给出每项让步的量化价值。
  - 使用下面的付出/得到清单工作表。

付出/得到清单工作表

	付出/得到清单			
对你的重要性	得到	价值（美元）⇔	付出	预计对客户的重要性
1				1
2				2
3				4
4				3
5				5
不会让步		1		
		2		
		3		

练习：准备达成最后协议（2）

活动

- 根据你在销售周期中获得的合理信息及通过使用本书了解的信息建立自己的立场。如果你选择使用：
  - 计划立场，那么把你的评估计划（见第 10 章）中的实施日期包括进去。
  - 价值立场，那么把价值验证模型（见第 11 章）中的投资回报的时间段包括进去。
  - 痛苦立场，那么把权力支持者或客户方相关个人的痛苦包括进去。你可以参考为自己的销售机会建立的痛苦表（见第 6 章）和痛苦链（见第 3 章）。

○ 构想立场，那么把你向权力支持者或最相关的客户方个人表达过的能力构想包括进去。你可以参考为自己的销售机会建立的痛苦表（见第6章）。
- 把前面的练习中你认为对自己来说最合理的"得到"和"付出"包括进去，作为建立谈判工作表的最后一步。
- 使用下面的谈判工作表模板。

谈判工作表模板

今天能否结案？
- __ 有权力购买？ _____
- __ 就收益达成一致？ _____
- __ 法律、技术、管理方面的支持？
- __ 计划已完成？
- __ 已知近____时间的费用 _____

准备好了：
- ___价格？
- ___条件？
- ___风险？

立场一（计划）	"根据我们公布的计划，_____[日期]开始实施。问题是否值得等这段时间？"
立场二（价值）	"我们在计算收益时，你说_____。我们一致认为项目_____以后能收回成本。"
立场三（痛苦）	"我们在过去____个月以来合作的原因是_____。只有获得这些新能力，问题才能解决。"
立场四（构想）	"你告诉我你需要一个方法[何时、谁做什么]_____。你知道，我们能给你提供这种能力。"

"只有你能为我做点什么，我才能为你做点什么。"

客户会问："比如做什么？"

注意：准备一个付出/得到清单来，帮助你确定下列这些"得到"和"付出"。

对你来说是否有可能：
_____

这有可能吗？

安静！除非客户接受了你的条件……

如果你能_____，我们就准备好了_____，价值_____美元。

我们能在此基础上进一步吗？

小结

与客户有效达成最后协议的3个关键点如下:

- 把结案定义为销售周期的自然发展结果,不要试图"早结案,多结案"。
- 营造能促使当前机会和未来机会成功的氛围。
- 事先做好准备。

第 13 章
衡量和利用成功

为什么衡量和利用成功很重要?

简单地说,解决方案就是问题的答案。如果已经提供解决方案,那么就应当出现明显的可衡量的结果或改变。商业所寻求的正是解决业务问题带来的真实、可衡量的结果。

若你在销售或实施以后衡量成功,你会给客户一个强烈的信号,即你和你的公司关注客户的成功。衡量成功能为你和你的公司提供如下机会。

- 经常和客户保持联系。在衡量成功的过程中,某些未达到预期的事情会提供新的机会。
- 在客户组织中的地位变得牢固,使你能够先于竞争对手发现潜在的新机会——就好像你几乎成了客户策划过程的一部分。主动创造机会而不是被动回应机会,其益处我想我不必多说了。
- 衡量结果,这对于开发用于激发潜在客户兴趣的有效辅助工具非常重要,尤其是价值主张和参考案例。

本章介绍的一些原则、练习和辅助工具可帮助你衡量和利用客户的成功。解决方案销售的辅助工具有下面 2 个。

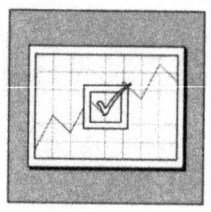

成功标准

参考案例

下面的例子显示了客户实施解决方案一年以后，对成功进行衡量的情况。这并不是说，你必须要等上一整年才能创建用以激发兴趣的新的辅助工具。不是这样的，其中一些标准能很快显示积极的效果。

例子中，客户服务人员的数量立即显示了积极的结果，而"每季度信用坏账"则没有。可以就特定标准而不是所有标准创建到目前为止的价值主张和参考案例。

成功标准范例

成功标准	基线	第一季度	第二季度	第三季度	第四季度
每季度每个销售人员新增客户的平均数（1）	2.5	2.75	3	3	3.25
每位客户网上订购的次数（1）	0%	5%	7%	10%	16%
每季度客户推荐的新机会数目（1）	7.5	8	10	13	12
每季度信用坏账（2）	200 千美元	200 千美元	150 千美元	100 千美元	100 千美元
客户服务人员数目（2）	18	17	16	15	14
数据来源： （1）销售副总裁 （2）财务副总裁					

继续价值循环

衡量成功标准能够提供效果情况。可以就客户组织中每个受益于你的产品或服务的个人，创建一个参考案例和价值主张，重点围绕对其特定情形是如何处理的。价值循环就是在这里继续下去的。对成功标准的衡量能够使你推断结果并据此预测潜在客户的使用效果

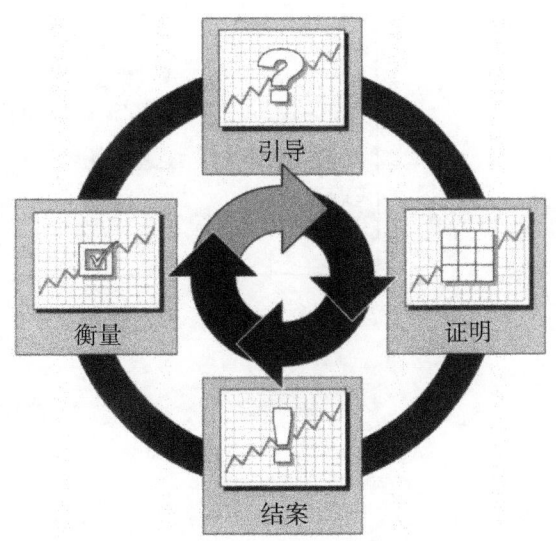

情况。这样，在创造新机会时，你就可以以价值引导。

例如，你可以特别关注一组和财务副总裁相关的衡量值，利用这些数字，你可以创建新的参考案例或价值主张，用以激发兴趣和创造新机会，目标是其他潜在客户组织的财务主管。

成功标准	基线	第一季度	第二季度	第三季度	第四季度
每季度信用坏账（2）	200千美元	200千美元	150千美元	100千美元	100千美元

利用这个信息你可以创建一个新的参考案例，描述你的公司是如何帮助一个财务副总裁解决因为信用坏账过多而未能实现利润目标这一业务痛苦的。

新参考案例范例

职位：	财务副总裁，制造业
关键业务问题：	未能实现利润目标
一个原因：	越来越多的坏账核销
能力：	他说他需要一种办法来……
（何时）	接受网上订单之前
（谁）	为他的网站
（做什么）	提醒客户偿付的信用问题并自动将客户连接到会计部门
我们提供：	这些能力
结果：	在一年时间里，他总的坏账核销减少了一半（250千美元），这对他实现总的利润目标起了很大作用

> **练习：衡量成功标准**
>
> **活动**
> - 衡量你在第 11 章（练习：确定成功标准）建立的成功标准。
> - 使用那个练习所用的同一个工作表。
> - 把每季度的度量值与已定的基线进行比较，从而确定哪个标准进展较好，哪个较差。
>
> **注意**
> - 这个练习将持续数月、数个季度，甚至更长时间，要坚持下去，利用已取得的成功，建立用以激发兴趣的新的辅助工具，如在第 4 章介绍的那样。
> - 新工作表和模板见第 15 章。

小结

衡量成功标准的益处对你就像对客户一样有价值。确保客户成功才能确保你自己成功。

第 5 篇

管理销售机会

第 14 章
管理销售机会

让我们做一个文字联想游戏。当我提到"传统销售经理"这几个字的时候，最先浮现在你头脑中的形象是什么？你是否像许多销售人员一样，会想到一个专横的老板，他经常把他的销售人员叫到办公室，反复问这样的问题"案子进展如何""什么时候结案""能完成定额吗"。

这种"微观管理"模式是典型的管理形式，被销售经理使用了几十年。不要误解我的意思——我同意从销售人员那里收集重要信息是销售经理的重要职责，毕竟他们也有上司。但是，如果销售经理能使销售人员对自己的机会有更多的控制权，他可以更快更有效地得到需要的信息。这是一种不同的管理模式，我称为"宏观管理"。

当销售人员有一个好的销售流程并且有有效的销售辅助工具时，他们就会清楚地认识到，自己应当参与销售流程的管理。

解决方案销售方法中有许多步骤、练习和辅助工具。在本章，我从中精选了一些，以帮助你管理你的销售漏斗和销售机会。

本章介绍以下内容：

- 解决方案销售漏斗里程碑。这是构成销售流程中的各个里程碑的解决方案销售活动检查表。它能帮助你看清自己已经经过了哪些里程碑，以及下面的步骤是什么。
- 销售漏斗里程碑工作表。该工作表对你的销售机会进行整体描述，并提供每个销售活动（见解决方案销售漏斗里程碑）的实际完成日期。它帮助你发现拖延的机会和潜在技能的挑战。
- 销售漏斗分析工作表。该工作表帮助你确定你当前及未来销售漏斗的预测销售收入，它能帮助你确定在一年中的任何时间实现销售目标的可能性。

下面的图表显示了解决方案销售漏斗里程碑，你会看到这些里程碑在第 2 章中首次提到的解决方案销售流程模型中的位置。这些里程碑和销售活动为准确描述销售机会的进展情况，提供了一种标准的语言。

解决方案销售漏斗里程碑

里程碑	里程碑描述	销售活动
T	区域	☐ 发现区域内的机会
		☐ 满足市场标准
		☐ 发现潜在支持者
S	合格的潜在客户	☐ 建立初步联系（可证实的）
		☐ 支持者承认痛苦
		☐ 支持者有具有价值的购买构想
		☐ 支持者同意继续协商购买
		☐ 支持者同意引荐权力支持者
D	合格的支持者	☐ 在支持者信函中就上述事项达成一致
		☐ 与权力支持者会面
		☐ 权力支持者承认痛苦
		☐ 权力支持者有具有价值的购买构想
		☐ 权力支持者同意继续协商购买
		☐ 提出评估计划
		☐ 就评估计划达成一致
C	合格的权力支持者	☐ 评估计划谈判
		☐ 提案前评审
		☐ 请求业务
		☐ 商讨提案，等待决策
		☐ 获得口头支持
B	决策定案	
A	等候结案	☐ 就合同进行谈判
W	成交	☐ 书面签约
		☐ 更新潜在客户数据库

包含销售漏斗里程碑的解决方案销售流程模型

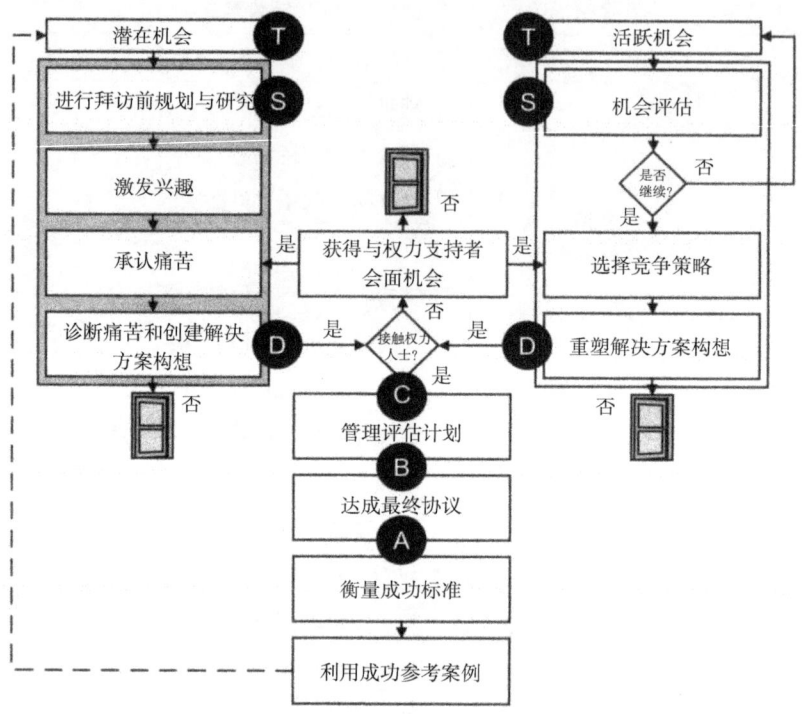

销售漏斗里程碑工作表

销售漏斗里程碑工作表记录每个销售机会的名称、机会的起源(潜在机会还是活跃机会)、估计潜在销售量(用千美元做单位),以及销售机会中每个活动的完成日期。

销售漏斗里程碑工作表

天数 ↓	销售机会→名称	1	2	3	4	5	6	7	8	9	10	
												潜在机会或活跃机会（L 或 A）
												潜在销售额（千美元）
—	T											发现区域内的机会
												满足市场标准
												发现潜在支持者
	S											建立初步联系（可证实的）
												支持者承认痛苦
												支持者有具有价值的购买构想
												支持者同意继续协商购买
												支持者同意引荐权力支持者
	D											在支持者信函中就上述事项达成一致
												与权力支持者会面
—												权力支持者承认痛苦
												权力支持者有具有价值的购买构想
												权力支持者同意继续协商购买
												提出评估计划
	C											就评估计划达成一致
												评估计划谈判
												提案前评审
												请求业务
												商讨提案，等待决策*
	B											获得口头支持
	A											就合同进行谈判
—	W											书面签约
												更新潜在客户数据库

* 提交一份不成熟的提案不是取得进展的表现。

一旦记录下销售机会的有关信息，你就可以将你一般情况下用在特定里程碑上的时间同实际所用的时间进行比较。这有助于发现你所面临的销售机会中潜在的延迟。通过查阅下面的表格你可以确定里程碑事件一般情况下所用的时间。

里程碑的一般时间

下面的表格提供了一般情况下完成每个里程碑中的销售活动所需要的天数。当我的客户根据自己公司的情况开展不同的销售活动时，我总是鼓励他们对表中列的时间进行重新判断。这些时间是根据多年实施解决方案销售步骤的实践得出的，所以它提供了一个很好的参照。

里程碑	销售周期长度（月）					
	3个月	4个月	6个月	8个月	9个月	12个月
S	9	15	15	15	15	15
D	18	24	30	30	35	40
C	30	42	90	150	170	250
B	18	24	30	30	35	40
A	11	11	11	11	11	11
W	4	4	4	4	4	4

> **练习：填写销售漏斗里程碑工作表（1）**
>
> 活动
>
> - 以月为单位确定一般的销售周期的长度。
> - 记录到达每个销售里程碑需要完成的销售活动的天数。
> - 将这些数字填写在销售漏斗里程碑工作表中的"天数"一栏中。

- 在销售渠道里程碑工作表中每个栏目中填入你正在开展的这个销售机会的信息（销售机会名称、潜在机会或活跃机会、潜在销售额、完成每个销售活动的日期）。
- 对每个销售机会进行分析以便确定它们是否延迟。把所记录的最后日期和到达该里程碑应当花的天数进行比较。任何迟于预期时间的机会需要特别关注。把可能延迟的机会的最后日期圈起来。

注意： 这个练习应当周期性反复进行，以确保销售漏斗中的每个销售机会都有所进展。

练习：填写销售漏斗里程碑工作表（2）

活动

- 处理每个延迟的机会：
  - 确保所有的销售活动都已经完成。任何一个活动被遗漏，都可能导致延期。返回去并且尝试完成该活动。
  - 分析每个里程碑采取的活动和获得信息的质量，以发现机会延迟的原因。
  - 用下面的"潜在销售困难表"帮助你发现可能的原因。对任何一个被确认为机会延迟原因的困难，要返回去把该步骤重新完成一次，以提高上次行动或者已收集信息的质量。

潜在销售困难表

里程碑延迟	潜在销售困难
从 S 到 D	■ 使支持者承认一个重要的痛苦 ■ 有效地创建或重塑购买构想 ■ 有效地表明创建或重塑购买构想的价值 ■ 确定谁是权力支持者并与他们接触
从 D 到 C	■ 证实权力支持者的购买能力 ■ 使权力支持者承认一个重要的痛苦 ■ 有效地创建或重塑购买构想 ■ 有效地表明创建或重塑购买构想的价值 ■ 使权力支持者接受评估计划（控制）
从 C 到 B	■ 过早地提供提案（失去控制） ■ 价值验证不具有说服力 ■ 同客户步调不一致（如过早拿出价值验证）
从 B 到 A	■ 谈判困难

销售技能或机会挑战

看看在一个销售机会中发现的"潜在销售困难"是否在多个机会中存在。如果不是这样，困难可能与机会有关，这样的情况像前面建议的那样需要短期关注。如果你发现了一个固定模式，特定的销售技能可能存在问题，需要加以注意。

如果销售技能与以下方面有关，那么你需要重新熟悉相关章节的内容。

- 痛苦。再去熟悉第 3~5 章的内容和练习。
- 权力。再去熟悉第 9~10 章的内容和练习。
- 构想。再去熟悉第 6~8 章的内容和练习。
- 价值。再去熟悉第 6~11 章的内容和练习。
- 控制。再去熟悉第 10~12 章的内容和练习。

你已经分析了自己的销售机会,保证它们正确地用在恰当的里程碑节点,而且你也处理了那些延迟的机会。现在,你能更好地确定目前和将来销售漏斗的预测销售收入。

预测销售收入

预测销售收入是对一个销售漏斗中期望实现的收入价值的估计。其计算方法是把每个里程碑的收入乘以里程碑的成交概率(有时叫作预测销售收入百分比)。

正如我鼓励客户针对他们公司设计销售漏斗里程碑,我也鼓励他们就特定的里程碑采用自己的成交概率计算。解决方案销售漏斗里程碑的成交概率(S=10%,D=25%,C=50%,B=75%,A=90%,W=100%)是根据多年实施解决方案销售步骤并且在对结果进行衡量的基础上得出的,它们提供一个好的参照比例。

销售漏斗分析工作表考虑成交概率、目前的销售漏斗、年度截至目前的收入及其他一些因素,以帮助你回答"我能不能实现自己的目标或销售额"。

销售漏斗分析工作表

A	销售任务：			
B	平均销售时间：			
C	平均销售机会规模：			
D	当前月份：			
E	没有在"成交"阶段反映出来的今年以来结案金额：			
F	里程碑节点：	收入（美元） ×	成交概率（%）	产出量（美元）
	合格的潜在客户（S）	×	10	=
	合格的支持者（D）	×	25	=
	合格的权力支持者（C）	×	50	=
	决策定案（B）	×	75	=
	等候结案（A）	×	90	=
	成交（W）	×	100	=
		漏斗产出总量（美元）：		
G	可见的销售收入（E+F）：			
H	缺口（A–G）：			
I	可能的额外产出（F÷B×剩余的月数）：			
J	剩余的缺口（H–I）：			
K	需要的新销售机会（J÷C×10）：			

> **练习：分析销售漏斗**
>
> 活动
>
> - 填写销售漏斗分析工作表，确定你是否实现了年度目标或销售额，是否有缺口。
> - 使用已填写好的销售漏斗工作表中的信息，帮助你完成此项练习（如潜在销售额、里程碑节点等）。
> - 如果存在缺口的话，确定采取什么方法能够帮助你弥补缺口。参考下一部分的建议。

> **注意**
> - 要计算 C 值（平均销售机会规模），你可以根据自己的经验估计销售机会的平均规模；若总金额已知，可用该数值除以机会数目，得出 C 值。
> - 如果你有一份实际的公司销售漏斗报告，其中包含了支持做本练习的信息，一定要利用好这份报告。
> - 若销售漏斗中机会数目较多，请使用产出计算的方法，以确定是否能更有效实现销售目标。

存在缺口怎么办

如果存在缺口，你可以采取以下行动。有些行动会比其他一些行动更有效，这要看你在做这个分析时，处于一年中的什么时段。

- 提高成交概率。使用机会评估工作表，可以帮助你将符合条件的机会放入销售漏斗，避免那些不符合条件的机会占用你的资源。
- 缩短销售周期。使用评估计划可以帮助你控制购买流程，使客户更快做出购买和实施决定。
- 扩大销售机会规模。使用痛苦链可以向客户的公司说明痛苦对整个组织的影响，这能够使你交叉销售和追加销售。
- 寻找更多处于 S 阶段的机会。在机会开发过程中，使用激发兴趣的辅助工具有助于激发兴趣，能够把更多的机会吸引到销售漏斗中。

小结

当你拥有了一个好的销售流程和有效的辅助工具时，你会认识到自己应当参与销售流程的管理。解决方案销售为你提供了一个很好的框架，使你能够对销售机会有更多的控制权。

第 6 篇

实用工具模板

第 15 章
高效实用的 30 个销售辅助工具模板

解决方案销售的辅助工具

- 关键人物表（Key Players List）
- 客户概况（Account Profile）
- 痛苦链（Pain Chain）
- 业务发展提示卡（Business Development Prompter）
- 业务发展信函（Business Development Letter）
- 参考案例（Reference Story）
- 价值主张（Value Proposition）
- 客户拜访提示卡（Strategic Alignment Prompter）
- 机会评估工作表（Opportunity Assessment Worksheet）
- 竞争策略选择工具（Competitive Strategy Selector）
- 九格构想创建模型——创建构想（9 Block Vision Processing Model – Vision Creation）
- 九格构想创建模型——构想重塑（9 Block Vision Processing Model – Vision Reengineering）
- 痛苦表（Pain Sheet）
- RFP 初始回复信函（RFP Initial Response Letter）
- RFP 建议书执行概要（RFP Executive Summary）

- 创建构想的支持者信函（电子邮件）（Sponsor Letter or E-mail for Vision Creation）
- 构想重塑的支持者信函（电子邮件）（Sponsor Letter or E-mail for Vision Reengineering）
- 权力支持者信函（电子邮件）（Power Sponsor Letter or E-mail）
- 评估计划（Evaluation Plan）
- "是否继续"步骤完成信函（Go/No–Go Step Completion Letter）
- 价值验证模型（Value Justification Model）
- 成功标准（Success Criteria）
- 谈判工作表（Negotiating Worksheet）

附加的解决方案销售的辅助工具

- 创造焦虑（Anxiety Creation）
- 过渡问题和能力工作表（Transition Issues and Capabilities Worksheet）
- 实施计划信函（电子邮件）（Implementation Plan Letter or E-mail）
- 实施（过渡）计划（Implementation or Transition Plan）

销售机会管理的辅助工具

- 解决方案销售漏斗里程碑（Solution Selling Pipeline Milestones）
- 销售漏斗里程碑工作表（包括时间代码表）（Pipeline Milestone Worksheet including Time in Code）
- 销售漏斗分析工作表（Pipeline Analysis Worksheet）

关键人物表

概述

关键人物表按照行业不同列出公司中的重要职位和这些职位上的关键人物可能面临的关键业务难题。

何处使用、如何使用

当你根据客户的职位和职责对其进行研究、拜访或面谈时，关键人物表能够帮助你发现需要进一步探索的问题。当你拜访客户时，或者当你进入一个不是很熟悉的行业或者对该行业没有很多经验时，关键人物表对你尤其有帮助。

关键人物表不仅可以帮助你发现客户还未发现的潜在问题，从而为你创造销售机会，而且，在活跃机会销售周期中，它可以帮助你发现促使客户行动的潜在原因。

应达到的效果

通过使用关键人物表，你应该能够更快地确定客户关键人员及他们的潜在痛苦。此外，它还可以帮助你积累对特定行业的知识和经验。

需要的信息

要创建关键人物表，你需要对目标行业的关键人员、他们的问题，以及他们的职责进行研究。

注意：最好就你经常打交道的行业和其中的职位信息建立一个关键人物表数据库，并根据行业的发展趋势及与客户接触过程中得到的一些新信息，定期对数据库更新。

关键人物表模板

行业：	
职位	痛苦
	■ _____ ■ _____ ■ _____ ■ _____ ■ _____ ■ _____ ■ _____
	■ _____ ■ _____ ■ _____ ■ _____ ■ _____ ■ _____ ■ _____
	■ _____ ■ _____ ■ _____ ■ _____ ■ _____ ■ _____ ■ _____
	■ _____ ■ _____ ■ _____ ■ _____ ■ _____ ■ _____ ■ _____
	■ _____ ■ _____ ■ _____ ■ _____ ■ _____ ■ _____ ■ _____

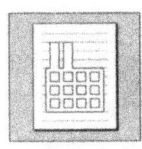 # 客户概况

概述

客户概况提供目标组织的概况,介绍一个组织的主要组成部分。它强调组织面临的挑战。

何处使用、如何使用

当需要了解你所接触客户的一些重要信息时,客户概况是理想的"快速信息"资源,它应包括以下几项内容:

- 公司背景。
- 提供的产品或服务。
- 市场分析。
- 财务状况。
- 竞争情况。
- 高层关键人物。
- 潜在问题描述。
- 需要的潜在能力。

应达到的效果

客户概况通过发现目标组织可能遇到的问题,来帮助你或你的团队挖掘某个潜在机会并制定销售策略。此外,确定组织中关键人物及其遇到的痛苦,能使你看到个人的痛苦之间是如何相互关联的。

需要的信息

了解潜在客户组织的情况、关键人物及其可能遇到的痛苦,同行业中的关键人物表是非常有帮助的。

注意： 客户概况也可以加上该公司的客户计划、客户关系管理资料这类信息。许多第三方机构也能够为你提供有关客户的最新信息。这份完整的客户概况是你参与一个机会之前必须掌握的最起码的信息。

客户概况模板

公司背景

产品或服务

市场状况分析

财务状况简介

竞争对手情况

高层主管背景,包括其面临的潜在问题

需要的潜在能力

 痛 苦 链

概述

痛苦链是用图示表示的组织内部多个关键业务问题之间的因果关系，它包括职位信息、相对应的问题，以及问题产生的原因。

何处使用、如何使用

痛苦链在拜访前的规划和研究阶段使用，它能使你更好地了解潜在客户内部的相互依存关系。

另外，在会见潜在客户后，验证你最初的想法。你可以根据最新发现，修改最初设计的痛苦链。在销售周期中，与客户交流这些信息有助于进一步加深信任关系。

应达到的效果

一个完整的痛苦链能够使客户更好地了解自己的业务。

需要的信息

要建立痛苦链，你必须了解该组织的关键人物所面临的问题及导致问题的原因。

痛苦链模板

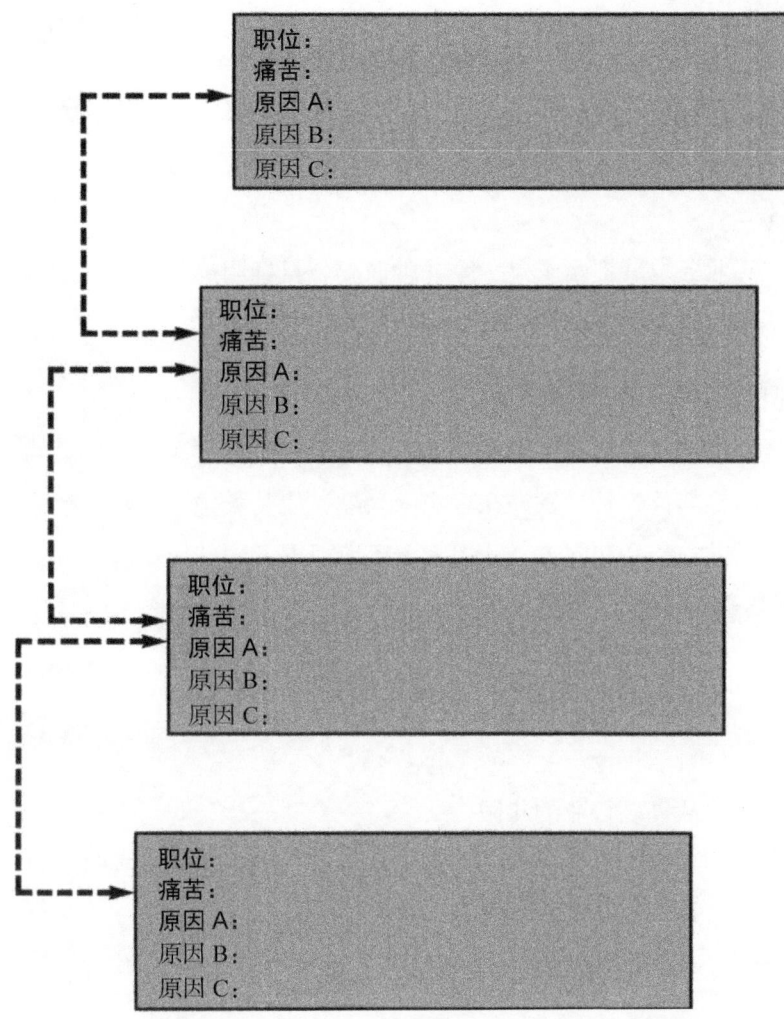

业务发展提示卡

概述

业务发展提示卡是一个非常简要、目标明确的文稿,能够帮助你提高激发客户兴趣的成功率。

何处使用、如何使用

业务发展提示卡通常用于通过电话开始与潜在客户接触的情形,其目的是激发潜在客户的兴趣,使其希望进一步了解你所提供的产品和服务。该提示卡可以根据不同情形进行修改,但一般都应该包括以下要素:

- 你的姓名。
- 你公司的名称。
- 目标行业。
- 从事该行业的年限。
- 介绍与潜在客户从事相同或者相似行业、职位或职责的其他人经历的痛苦。
- 一个能够在 30 秒内表达清楚信息的简明框架。

应达到的效果

使用业务发展提示卡的目的是让客户产生足够的兴趣,使他们希望预约再次见面或者继续了解某个同行是如何解决类似或相同痛苦的。

需要的信息

要设计业务发展提示卡,需要了解你或你的公司是如何帮助目标行业的其他客户（以职位划分）解决类似问题的。此外，客户的成功参考案例和关键人物表也是有用的信息。

注意：针对新的潜在客户设计的业务发展提示卡，可以修改成强调痛苦菜单的方式、强调客户推荐的方式等不同的形式。业务发展提示卡中的关键要素也可以应用在书面信函中。详见后面的业务发展信函或电子邮件。

业务发展提示卡模板

新机会选项

我叫____［你的姓名］，在____［你所在公司的名称］工作。虽然你我以前不曾交谈过，但是我们与____［目标行业］合作已有____（年数）年了。（最近）我们从其他____［职位］那里听说，他们目前面临的一个主要（困难）是____［职位可能存在的痛苦］。

我们已经帮助客户解决了这一问题，你想知道是怎样解决的吗？

痛苦菜单选项

我叫____［你的姓名］，在____［你所在公司的名称］工作。虽然你我以前不曾交谈过，但是我们与____［目标行业］合作已有____（年数）年了。最近我们从其他____［职位］那里听说他们面临的 3 个主要（痛苦）是：

（1）_____。
（2）_____。
（3）_____。

［职位最可能遇到的 3 个痛苦］

我们已经帮助过一些公司像____、____和____［3 个参考公司］解决了上述某些问题。你想知道是怎样解决的吗？

客户推荐选项

我叫____［你的姓名］，在____［你所在公司的名称］工作。虽然你我以前不曾交谈过，但是____的____［推荐人的公司名称、职位、姓名］建议我给你打电话。

我们帮助他解决了____。［推荐人的痛苦］

你想知道是怎样解决的吗？

业务发展信函

概述

业务发展信函类似于业务发展提示卡，它是一种能有效激发兴趣的书信或电子邮件，使潜在客户从没意识到痛苦转变到承认痛苦。

何处使用、如何使用

业务发展信函用于通过邮件激发兴趣，其目的是激发潜在客户的兴趣，使他们希望了解你的产品和服务。

应达到的效果

业务发展信函应该使潜在客户从不关注到关注，并激发他们足够的兴趣，使他们为获取更多的信息主动与你或你的公司接触。作为整个业务发展策略的一部分，你可以给客户邮寄业务发展信函（或电子邮件），之后给他们打电话，说明业务发展提示卡中的主要内容。

需要的信息

撰写业务发展信函，你必须有第三方公司及你在该公司已结案的成功参考案例。信函应该包括以下内容：

- 就你的公司的核心能力可带来的成果进行陈述。
- 强调公司在目标行业中成熟的经验。
- 对客户可能遇到的、发生频率较高的多种问题进行描述。
- 征得客户同意，使其公司名称可以出现在参考案例中。

业务发展信函模板

亲爱的_____[潜在客户]：

我公司的业务是帮助客户_____。

[用"我们帮助"这一主题描述公司定位]。

在过去_____[年数]的时间里我们一直与_____[行业]合作。

我们的客户包括[3个参考客户公司]：

_____

_____

_____

我们从他们那里了解到的主要问题是[3个主要的潜在痛苦]：

_____

_____

_____

我们已经成功地帮助客户解决了这些问题及其他一些问题，我希望有机会能向你介绍这些案例。如果你希望了解我们是如何帮助其他_____[职位]解决这些具有挑战性的问题的，请致电_____[电话号码]，我们将为您提供更多的信息。

_____[销售人员的名字]

参考案例

概述

参考案例是一个能够给你提供会话提示的销售辅助工具，有助于激发潜在客户的兴趣、建立信任关系，并使其承认存在的痛苦。它给你提供了一个机会，向潜在客户讲述其同行的一个具体的故事，说明你的公司是如何帮助类似的潜在客户解决他们的问题的。

何处使用、如何使用

参考案例是一种提示工具，而不是固定的说话脚本。它通常在解决方案销售流程的激发兴趣阶段使用，但它也能在销售的其他阶段有效使用，帮助你获得客户的信任、引导客户承认问题和证明解决方案的有效性。

应达到的效果

参考案例的成功使用能够使：

- 潜在客户轻松承认存在的痛苦。
- 潜在客户透露他已有的解决方案构想。
- 潜在客户对你建立足够的信任，使你有机会和潜在客户进一步交谈。

需要的信息

要建立一个参考案例，你必须有先前成功的案例，并且有可衡量的结果。

注意：最好按照目标行业和目标职位分类建立一个参考案例数

> 据库。一旦有客户承认因你的销售取得了成效,就将案例加进数据库。

参考案例模板

情况:	_____
痛苦:	_____
	_____
原因:	_____
	_____
能力:	"他们说需要一种办法来……"
何时、谁、做什么	_____
	_____
	_____
我们提供:	"我们给他们提供了这些能力。"
结果:	_____

价 值 主 张

概述

价值主张是对潜在客户通过使用你公司的能力，预计应获得的、可量化的收益的表述，其目的是要激发兴趣并促使潜在客户开始对你公司的能力进行评价。

何处使用、如何使用

价值主张可在任何时间或任何地点对潜在客户使用，为激发兴趣而使用的情况最为普遍。当兴趣被激发出来后，价值主张就成了你和潜在客户合作的基点。当客户产生兴趣以后，通常接下来要做的是验证或修改最初的预测。

应达到的效果

价值主张应当帮助你激发潜在客户的兴趣并建立对你和公司的信任。

需要的信息

为创建价值主张，你必须掌握现有客户已经获得的结果和价值的详情。你还需要了解潜在目标客户具体的基准信息。客户参考案例获得的结果为你进行推论提供了很好的数据来源。第三方信息源，如 OneSource 信息服务公司，就潜在客户的业务提供了很好的基准信息。

价值主张模板

我们相信＿＿＿＿＿＿＿［潜在客户公司名称］
通过投资约＿＿＿＿＿＿＿＿＿＿＿［潜在客户的相关投资额］
＿＿＿＿＿＿＿＿＿＿＿［描述主要能力或产品服务］
＿＿＿＿＿＿＿＿＿＿＿［描述主要益处］
＿＿＿＿＿＿＿＿＿＿＿［描述所要解决的问题或须改进的方面］
每年应该能以＿＿＿＿＿＿＿的速度增长［以百分比或金额表示］。
价值主张的假设： ■ ■ ■

 **客户拜访提示卡**

概述

客户拜访工具一共分为 7 步，从初次拜访或者初次谈话开始，帮助你使自己的销售步骤与客户的购买过程协调一致。

何处使用、如何使用

客户拜访提示卡为你进行初次会面或第一次电话拜访提供了一个框架，还可以帮助你确定何时及如何做到以下几点。

1. 建立友好关系。
2. 陈述拜访的目的并提供以下信息。
   - 公司的定位。
   - 拿出事实让潜在客户对你、你的公司及你的产品或服务有一个积极的评价。
   - 讲述一个相关的参考案例。
3. 引导潜在客户承认痛苦。
4. 发展客户的需求。
5. 征求客户同意往下一步进行。
6. 确定潜在客户的购买能力。
7. 协商接触权力支持者，或者与权力支持者评估购买标准和评价标准。

应达到的效果

成功的销售拜访首先应该为你提供向潜在客户表现真诚与能力的机会，进而可以获得继续研究潜在客户情况的机会。通过运用客户拜访提示卡与客户不断达成一致，这会使客户承认他的困境，逐步形成解决方案。

需要的信息

客户拜访提示卡的第 1 步到第 3 步需要拜访的目的、公司的定位、公司事实及一个参考案例。

客户拜访提示卡

第1步：建立自然好感

☐ **让潜在客户决定会议的气氛**

"非常感谢给我这次和您见面的机会。"

观察是需要"聊天"还是进行"业务沟通"。

第2步：拜访介绍

☐ **说明拜访目的**

"今天（或在下面的_____分钟）我要

- 向您介绍_____［你公司的名称］；
- 介绍与我们所合作过的从事_____［具体行业］的另一个_____［职位］；
- 我想要了解您和您公司的情况；
- 我们双方可以共同决定是否要继续。"

☐ **说明公司定位（使用"我们帮助"主题）**

"［你公司的名称］的业务是帮助_____行业［具体的行业］的企业_____
_____。"

☐ **介绍公司及个人情况**

结论		事实
	⇔	
	⇔	
	⇔	

☐ **讲述相关参考案例或到目前为止的情况**

"另一个_____［公司类型］的情况您可能会感兴趣。它的_____［职位］在_____［痛苦］方面存在困难，他的问题原因是_____。他说需要一种办法来_____。我们为他提供了那些能力，结果_____。"

☐ **过渡到让潜在客户承认痛苦**

"我们已经讲了［我们公司如何帮助另一个客户］，现在请您介绍一下您和您公司的情况。"

第3步 引导潜在客户承认痛苦

假如没有承认痛苦

- 但是客户很健谈→提问情境问题。
- 客户不怎么健谈→提问痛苦菜单问题。

一旦承认了痛苦，就把痛苦作为重点。

客户拜访提示卡（续）

第 4 步：了解客户需求——客户购买构想

☐ 使用九格构想创建模型

　　☐ 诊断痛苦并创建偏向你公司产品或服务的解决方案。
　　☐ 利用你的公司的特定能力重塑构想。

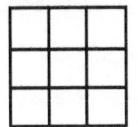

☐ 确认购买构想，过渡到"同意往下进行"步骤

"这么说如果您具备了[重复能力]，您能够[重复目标]？"[征得客户同意]

第 5 步：征得客户同意继续协商

选择 1：

　　"[客户姓名]，我相当确定我们可以为您提供那些能力，我想向您证实一下我能提供的资源。如果它们证实了我们刚才所讨论的，您愿意进一步对我们进行评估吗？"[征得客户的同意]

选择 2：

　　"[客户姓名]，我肯定我们能为您提供那些能力，我希望能有机会向您证明一下。您能给我这个机会吗？"[征得客户的同意]

如果在这一过程中，客户主动提出把你引荐给权力支持者，约定会面时间，那么结束谈话。如果客户没有主动提出将你引荐给权力支持者，往下进行第 6 步。

第 6 步：判断购买决策权

　　"也就是说您已经确信您真的有可能[重复购买构想]而且想进行下去。那么接下来您准备做什么呢？需要涉及其他人吗？"

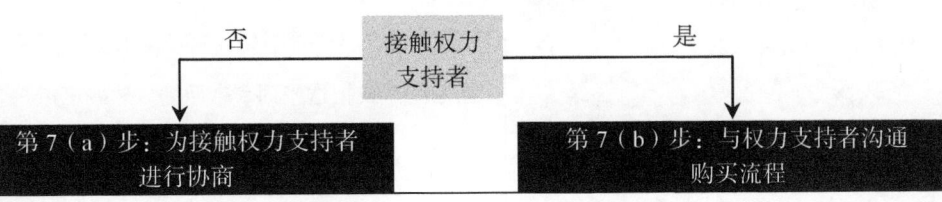

客户拜访提示卡（续）

第7（a）步：为接触权力支持者进行协商

☐ **协商以接触权力支持者**

"我们能跟他约个时间见面吗？"
［如果被拒绝，提出一些交换条件］

☐ **提出交换条件（为接触权力支持者）**

"现在也许还不太成熟，但我想说的是，我还不太确定向您证明我们能力的最佳方法，我想先核查一下我们的资源。

不管用哪种方法［证明我们能提供这些能力］，都会花费掉我们的一些资源，我愿意在今天做出承诺。

如果这样能向您们证明能够［重复购买构想］，到那时您能把我引荐给［权力支持者］吗？这样公平吗？"［征得客户的同意，结束会面］

☐ **结束会面（写权力支持者信函）**

"感谢您给我时间，我将核实一下我的资源，然后给您发信或电子邮件以确认我对您的情况的理解。信中我会详细说明我们向您证明那些能力的具体方法，您会很快收到我的电子邮件的。"

第7（b）步：与权力支持者沟通购买流程

☐ **问开放型问题，确定提案的基本原则**

"您希望以什么方式评估我们？"［用笔记下客户的每项请求，同时重复一遍。不要表示同意或不同意］

"假如我们双方到了想做这笔业务的程度，是否还需要经过法律、技术、管理方面的审核？"
"您希望我提交一个提案吗？［征得客户的同意。］您希望提案中包括价值分析部分吗？"

☐ **声明"没有新信息"和提案前审查主题**

"当您要我准备一个提案时，我希望您知道，提案中将不包括任何新信息。它只是记录和确认到当时为止我们已经讨论过的业务安排。"
［征得客户的同意］

"我建议（如果我们能进行到那一步的话）在我们提交最终提案之前一个星期，我拿出一个草案。我们称为'提案前审查'。这样做有两个好处。对于您来说，好处是最终提案的内容不会有意外变化；对于我来说，好处是我第一次就能够正确无误地准备。"［征得客户的同意，结束谈话］

☐ **结束谈话，写包含评估计划的权力支持者信函**

"谢谢您。我把这张列表带回去，然后草拟一个初步计划，供您来评估我们的［公司、产品、服务］。您在一两天内会收到评估计划的草稿。我将给您打电话讨论此事。"

机会评估工作表

概述

机会评估工作表是一个评估模型,共由 25 个问题组成,问题分属 5 个类别(痛苦、权力、构想、价值、控制),这一系列可灵活运用的关于机会的问题能够帮助你客观地、尽早地(持续地)做出关于是否要继续某个机会的评估决定。

何处使用、何时使用

机会评估工作表应用于回答某个机会在关键时刻的关键问题,如"我们应该参与竞争吗?""我们能够成功吗?"

应达到的效果

使用者应该诚实客观地回答评估工作表中的问题以确定:

- 什么是已知信息。
- 什么是未知信息。
- 需要做什么或需要什么资源改善机会的状态,以便做出参与或放弃的决定。

需要的信息

从谈话、调研和所有已知资料中获得的有可能影响现状的信息。

机会评估工作表

	机会评估工作表 答案要点：（Y）是，（N）否，（？）不确定		评估日期	
			我们	竞争者
	★ "五个快速"评估问题			
★	**痛苦** "客户有可能行动吗？"	★		
1	首要痛苦或潜在痛苦确定了吗？			
2	**我们**与痛苦的主人就痛苦进行核实了吗？			
3	**我们**了解痛苦如何影响他人吗？			
4	预算到位了吗？			
5	解决问题有没有时间限制？			
★	**权力** "我们是否在与合适的人员合作？"	★		
6	**我们**了解这个机会中关键人物的角色吗？			
7	**我们**知道谁能影响决定，以及怎样影响吗？			
8	**我们**能接触权力支持者吗？			
9	**我们**得到关键人物的支持了吗？			
10	**我们**能接触到提供资金的人吗？			
★	**构想** "客户是否更喜欢我们的产品或服务？"	★		
11	**我们**能帮助客户确定初步的需求吗？			
12	**我们**的产品或服务符合客户的需求吗？			
13	**我们**为关键人物创建或重塑不同的构想了吗？			
14	关键人物支持**我们**的解决方案吗？			
★	**价值** "我们的产品或服务能为双方提供价值吗？"	★		
15	**我们**了解我们的产品或服务对每个关键人物及对整个公司的益处吗？			
16	关键人物对**我们**的产品或服务的益处进行了量化并对我们清楚地表述过吗？			
17	（公司）就价值分析是否达成了一致？			
18	价值分析能保证获得需要的资金吗？			
19	对**我们**来讲有足够的价值吗？机会能获利吗？战略上重要吗？			
★	**控制** "我们能控制购买流程吗？"	★		
20	**我们**了解关键人物做决定的过程和标准吗？			
21	**我们**了解关键人物的证据要求和满意度要求吗？			
22	**我们**了解客户的购买习惯、政策、程序吗？			
23	客户同意与**我们**开展评估过程了吗？			
24	**我们**能控制评估过程吗？			
25	**我们**能成功地管理我们的风险吗？			

竞争策略选择工具

概述

竞争策略选择工具提供了需要回答的关键问题，这些问题指导销售人员和客户就特定机会选择要采取的竞争策略，同时也提供相应战术。

何处使用、如何使用

策略的选择取决于机会的起源（潜在机会或活跃机会）。如果是潜在机会，由于对手未能参与，实际上已经采取了先发制人策略。如果是活跃机会，应考虑一些关键问题，确定具体采取哪些竞争策略（硬碰硬策略、迂回策略、分而治之策略、拖延策略）。

应达到的效果

你应能够做出一个策略上的决定。如果选择参与机会，你就应决定使用哪种策略、执行策略应采取的战术，并权衡采取此策略和相应战术的利弊，选择何种策略应当让整个销售团队都知道。

需要的信息

为回答最初的关键问题所需要的关于客户或机会起源的充足的知识。

竞争策略选择工具

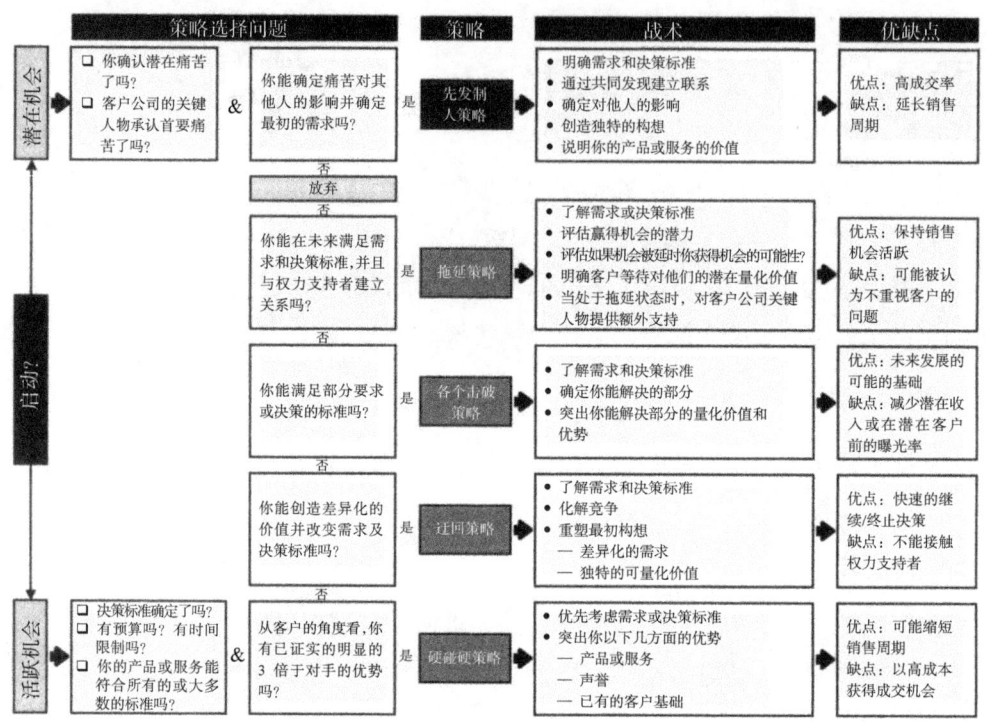

 九格构想创建模型——创建构想

概述

　　用于创建构想的九格构想创建模型是以客户为中心进行提问的模型。用于诊断已承认的痛苦，并引导客户通过自我推论形成解决方案构想。

何处使用、如何使用

九格构想创建模型由 3 类问题构成:

- 开放型问题。
- 控制型问题。
- 确认型问题。

这 3 类问题用来探究 3 个重要的方面:

- 诊断痛苦的原因。
- 探究问题对其他人的影响。
- 帮助认识到所需要的能力。

九格构想创建模型适用于客户存在潜在痛苦的生意机会。你可以按照提示的顺序使用这个模型,引导客户形成购买构想。

注意:对于活跃机会,你必须对客户现有的构想进行重构。你需要使用同一个模型,但是运用的顺序不同。参见第 8 章"重塑解决方案构想"。

应达到的效果

九格构想创建模型的成功运用应该使客户认识到你的能力可以解决他的痛苦,从而使他形成购买构想。你和客户都应该清楚地认识到解决这些痛苦带来的可衡量的价值,同时也应该清楚这些痛苦对客户公司的影响。

需要的信息

痛苦表是根据具体情境而设计的销售辅助工具,能提示销售人员在九格构想创建模型的控制型问题阶段提出明智的、控制导向型问题。

九格构想创建模型——创建构想

	诊断原因	探究影响	构想能力
开放型	R1　（1） "能告诉我导致这个……（反复性痛苦）的原因吗？"	I1　（4） "除了你，你们公司中还有哪些人受到这个（痛苦）的影响？他们是如何受到影响的？"	C1　（7） "要想（实现你的目标）你需要怎么做？""我可以给你几个建议吗？"
控制型	R2　（2） "是不是因为……？"	I2　（5） "这个（痛苦）是不是引起……？那样的话，（职位）是不是也关注这个问题了？"	C2　（8） "你谈到（重复原因）……假如有一个办法……何时，谁，什么，这样你就……？这对你有帮助吗？"
确认型	R3　（3） "这么说，你的（反复性痛苦）的主要原因是……？是这样吗？"	I3　（6） "听你这么说，（重复人物和原因），这好像不仅仅是你的问题，而且也是××问题，对吗？"	C3　（9） "那么，当你具有（总结能力构想）时，就会（达到你的目标）？"

痛苦 →

购买构想 ↓

 九格构想创建模型——构想重塑

概述

九格构想创建模型——构想重塑是以客户为中心的提问模型，它用于引入差异化的能力，同时引导客户自己做出重塑解决方案构想的结论。

何处使用、如何使用

九格构想创建模型的框架由 3 类问题组成：

- 开放型问题。
- 控制型问题。
- 确认型问题。

这些问题用于探究 3 个重要方面：

- 诊断痛苦原因。
- 探究痛苦对其他人的影响。
- 帮助客户认识到所需要的能力。

对于活跃机会，必须对构想进行重塑。运用模型的顺序不同于创建构想。

应达到的效果

九格构想创建模型——构想重塑的成功使用应当使客户扩展或改变其最初的构想。如果新的需求清单中包含了你的独特能力，那么你就成功重塑了构想。

需要的信息

痛苦表是一种情境型工作辅助工具，它帮助销售人员就九格构想创建模型中控制一栏提出明智的、以控制为导向的问题。用于构想重塑的痛苦表应该强调主要的差异化特色。

九格构想创建模型——构想重塑

痛苦	诊断原因	探究影响	构想能力
开放型	R1 （3） "没有这种能力时，你是怎么做的？"	I1 （6） "除了你，你的组织中还有哪些人受到这个（痛苦）的影响？他们是如何受到影响的？"	C1 （1） "你怎么看待自己使用这个（重复客户最初的构想）？"
控制型	R2 （4） "今天……？"	I2 （7） "这个（痛苦）是不是引起……？那样的话，（职位）是不是也关注这个问题？"	C2 （2） "你是不是在寻找一种办法……？如果你有这种办法……这对你有帮助吗？"
确认型	R3 （5） "这么说，你现在的做法是……是这样吗？"	I3 （8） "听你这么说，（重复谁和如何），这好像不仅仅是你的问题，而且也是××问题，对吗？"	C3 （9） "你打电话时说正在审视（最初构想），现在你也说你需要（能力构想），如果有了……，你就能实现目标？"

构想现有 →
← 购买构想

 痛 苦 表

概述

痛苦表是一个提问提示工具，与九格构想创建模型一起使用。它提供了一系列控制型问题，帮助你诊断客户痛苦的原因，了解这些问题对公司其他方面的影响，说明你的能力如何解决导致痛苦的原因。这对于创建（或重塑）偏向于销售团队的特定产品、服务或者解决方案的构想是一个必不可少的销售辅助工具。

何处使用、如何使用

将痛苦表和九格构想创建模型一起使用，有助于你提出恰当的问题，从而帮助你创建或重塑偏向你的产品或服务的购买构想。痛苦表可以在客户谈话过程中使用，也可以作为拜访前的准备工具，在会面前使用。

应达到的效果

按照痛苦表提问可以帮助你：

- 发现客户痛苦的原因，同时使这些原因偏向你的产品或服务。
- 通过提问"深挖问题"，确定解决这些问题带来的量化价值。
- 认识到（或修正已有的认识）客户的问题如何影响整个公司的其他人（痛苦链）。
- 推出你的能力，使客户清楚地看到这将给他带来怎样的变化。

需要的信息

要建立痛苦表，你需要了解潜在客户（可能存在）的痛苦及相关的原因，同时也应该知道你的能力如何解决这些可能存在的痛苦。另外，意识到自己的特色也很重要。

注意：最好根据常见痛苦、职位、能力或行业这些分类，建立标准的痛苦表数据库，它们会非常有用。此外，现有的痛苦表应当定期更新。若引进新的产品、服务或能力，应建立与之相适应的新的痛苦表。

痛苦表模板

痛苦：		
职位和行业：		
产品或服务：		
原因	影响	能力
是不是因为……今天……？	这个［痛苦］导致……吗？	假如……这会有帮助吗？
A.	• _____？ • _____？ • _____？ ［职位］受到影响了吗？	A. 何时： 　　谁： 　　做什么：
B.	• _____？ • _____？ • _____？ ［职位］受到影响了吗？	B. 何时： 　　谁： 　　做什么：
C.	• _____？ • _____？ • _____？ ［职位］受到影响了吗？	C. 何时： 　　谁： 　　做什么：
D.		D. 何时： 　　谁： 　　做什么：

RFP 初始回复信函

概述

RFP 初始回复信函是一封由你发出的信函或电子邮件，信中试图提出一个交换条件，即回复 RFP 以换取和受项目影响的关键人物的第一次会面。

何处使用、如何使用

只有在 RFP 寄件人拒绝了你和受项目影响的关键人物会面的口头要求之后，才使用 RFP 初始回复信函。

RFP 初始回复信函用于表达你的请求，并向客户婉转透露这个意思，即你的公司的惯例是，只有与受项目影响的关键人物会面后才回复 RFP，而且这种做法是出于对客户最大利益的考虑。

应达到的效果

RFP 初始回复信函应该取得以下两个结果之一：

1. 被准予接触想见的关键人物，以便进行构想处理会面。
2. RFP 寄送者做了回应，最后一次拒绝，此时你要决定是回应 RFP，还是不参与此次机会。

需要的信息

你需要的信息决定你要与哪些关键人物会面。

注意：这种方法需要你公司内的高层管理者的支持，因为它是对传统处理 RFP 方式的挑战。

RFP 初始回复信函模板

亲爱的_____ [RFP 发件人]：

感谢您给我们机会向贵公司发出提案。我们非常感激您对我们的信任。

如我在电话中提到的那样，我们只有亲自访谈了受该项目影响的部门经理后，才会回复征求建议书。我们已经发现这种做法能使我们更好地服务潜在客户，能使项目实施效果更令人满意。我们这样做，客户将是最大的受益者。

如果您能帮我们安排与_____ [职位*]、_____ [职位*] 和_____ [职位*] 进行会谈，每人_____ [1] 小时，我们会投入必要的时间和资源回复征求建议书（RFP），以令贵公司满意。

同时，我附上了与我们公司的产品或服务有关的详细资料。如果您还有什么问题，请直接给我们打电话。

_____ [签名]

* 这些职位是在评估了 RFP 的范围后确定的。

 # RFP 执行概要

概述

RFP 执行概要强调客户组织需要但没被列入当前 RFP 中的其他能力。

何处使用、如何使用

RFP 执行概要要发给 RFP 发件人和会谈过的关键人物（经 RFP 初始回复信函协商）。RFP 执行概要应该被置于 RFP 回复的开始部分或者用作最终建议的附信。

RFP 执行概要总结了关键人物需要的其他能力，这是在协商好的会面中进行构想处理谈话时发现的。

应达到的效果

RFP 执行概要的目的是从关键人物的角度，强调所需的其他能力的重要性，以吸引 RFP 发件人或咨询者的注意，从而扩展或者改变 RFP 的最初要求，加入其他能力。

需要的信息

RFP 执行概要的关键信息是，关键人物需要你的差异化能力中的最重要部分。

RFP 执行概要模板

亲爱的_____［RFP 发件人或顾问］：

感谢您能帮我们安排与_____［职位*］、_____［职位*］_____［职位*］进行会谈。他们提供的信息对我们准备回复 RFP 非常有帮助。

附件是我们对您的 RFP 的回复。我们从会谈中了解到，这些高级管理人员正在寻求_____主要能力。

我重点强调了 RFP 中的这些能力（从_____［总数］问题中选出来的）。

能力 1：_____
能力 2：_____
能力 3：_____
能力 4：_____
等。

我还增加了 RFP 范围以外的_____［数量］能力，编码为_____、_____和_____［等等］。

我们访谈的高级管理人员指出这些特定的能力也应包含在 RFP 中。

能力 5：_____
能力 6：_____
能力 7：_____
等。

再次感谢您向您的客户推荐我们的产品和服务。我期待能与您合作，成功实施这些能力。

_____签名

抄送：_____［客户方与你关系最好的关键人物］

* 选择这些职位上的人进行访谈是 RFP 初始回复信函的结果。

 ## 创建构想的支持者信函（电子邮件）

概述

创建构想的支持者信函是一份发给潜在客户的信或电子邮件，用于记录和核实你已经创建的购买构想，同时进一步核实客户想把你引荐给权力支持者的意愿。支持者信函实质上是对你们谈话内容的确认。

何处使用、如何使用

创建构想的支持者信函包括6个要素，6个要素是你用自己的语言总结的你和支持者谈话的内容。这些要素如下：

1. 痛苦。
2. 痛苦的原因。
3. 需要的能力（购买构想）。
4. 同意进一步合作。
5. 协商接触权力支持者。
6. 建议的证明步骤——你对于获得许可接触权力支持者的回报。

应达到的效果

- 对于创建构想谈话内容的共同理解。如果潜在支持者不同意信函汇总的要素内容，你在进行下一步之前能够及时发现。
- 负责人会觉得你周到、专业、有条理。
- 接触权力支持者。

需要的信息

要创建支持者信函,你需要了解支持者的痛苦的详细情况、痛苦的原因、已创建的购买构想,以及证明能力的各种方法选择。

创建构想的支持者信函（电子邮件）模板

亲爱的____［支持者姓名］：

非常感谢您对_____［你的公司］感兴趣。写这封信的目的是总结一下我对我们谈话内容的理解及我们的行动计划。

我们对以下问题进行了讨论：

您的主要问题是_____。

产生主要问题的原因是

原因 A：_____

原因 B：_____

原因 C：_____

您说解决这些问题所需的能力是

能力 A：_____

能力 B：_____

能力 C：_____

我们下一步要做的是：

您同意和我们公司进一步合作，您说如果我们能够成功地为您提供这些能力，您会把我引荐给_____［权力支持者的姓名和职位］，您曾经提到他对于［你的关键业务问题］对其____的能力的影响感到不满。

我建议_____
_____

［如果证明你能力的步骤是接近权力层的一部分，描述一下它］。

我相信您会喜欢我们的东西，并且会把我们公司介绍给其他人员。我_____给您打电话进一步商讨此事。

××

 ## 构想重塑的支持者信函(电子邮件)

概述

构想重塑的支持者信函是一份用于记录和确认你与潜在客户重塑的购买构想的信或电子邮件。这一信函进一步确认客户想把你引荐给权力支持者的意愿。支持者信函实质上是对你们谈话内容的确认。

何处使用、如何使用

构想重塑的支持者信函包括 6 个要素,6 个要素是你用自己的语言总结的你和支持者的谈话内容。这些要素如下:

1. 潜在客户的初始构想。
2. 销售人员的其他能力。
3. 扩展的购买构想。
4. 原因及其导致的痛苦。
5. 业务问题对公司的影响及接触权力支持者。
6. 对所有供应商的要求进行证明。

应达到的效果

- 对于构想重塑谈话内容的共同理解。如果潜在支持者不同意信函中的要素内容,你在进行下一步之前能够及时发现。
- 支持者会觉得你周到、专业、有条理。
- 接触权力支持者。

需要的信息

要创建支持者信函，你需要了解支持者痛苦的详细情况、痛苦的原因、痛苦对他人的影响，以及客户初始的购买构想。

构想重塑的支持者信函（电子邮件）模板

亲爱的____[支持者姓名]：

　　非常感谢您对____[你的公司]感兴趣。写这封信的目的是总结一下我对我们谈话内容的理解及我们的行动计划。

　　您需要的能力：我们在开始谈话时，您正在寻找[描述最初需要的能力]的能力——

　　能力 A_____

　　随着谈话的深入，您告诉我您还需要一种方法[描述需要的其他能力]——

　　能力 B_____

　　能力 C_____

　　能力 D_____

　　您说如果您有了这些能力，您就可以更好地解决____的关键业务问题。

　　您的这个关键业务问题的原因是：

　　原因 A_____

　　原因 B_____

　　原因 C_____

　　原因 D_____

　　我们下一步要做的是：

　　您同意和我们的公司进一步合作，您说如果我们能够成功地为您提供这些能力，您会把我引荐给_____[权力支持者的姓名和职位]，您曾经提到他对于[你的关键业务问题]对其_____能力的影响感到不满。

　　我们可以共同商定下一步怎么做。就像我们在谈话中所说的那样，您要求我证明可以提供这些能力，并且您也会要求其他潜在供应商提供同样的证据。

　　我盼望着在_____时再次会面。

　　　　　　　　　　　　　　　　　　　　　_____（署名）

 ## 权力支持者信函（电子邮件）

概述

权力支持者信函或电子邮件是一封发给潜在客户的权力支持者的信或电子邮件，用于记录和核实你与其创建的购买构想。权力支持者信函与支持者信函无论在形式还是内容上都很相似，不同之处是权力支持者信函需要附带评估计划。实际上，权力支持者信函是对你们进行的对话内容的确认。

何处使用、如何使用

权力支持者信函包括6个要素，6个要素是你用自己的语言总结的你和权力支持者的谈话内容。这些要素如下：

1. 痛苦。
2. 痛苦的原因。
3. 需要的能力（购买构想）。
4. 对组织的影响。
5. 进一步探究协商。
6. 评估计划。

应达到的效果

- 对于创建构想谈话内容的共同理解。如果潜在权力支持者不同意信函中的要素内容，你在进行下一步之前能够及时发现，因为你可以采取措施加以纠正。
- 权力支持者会觉得你周到、专业、有条理。

需要的信息

　　要创建权力支持者信函,你需要了解权力支持者痛苦的详细情况、痛苦的原因、已创建的购买构想。同时你应该能够说出权力支持者的痛苦对公司中其他人的影响。

权力支持者信函（电子邮件）模板

尊敬的_____［权力支持者姓名］：

　　感谢您与_____［支持者姓名］和我在今天早些时候会面。我相信我们的会谈对双方来说都很有成效。

　　我们对以下问题进行了讨论：

　　您首要的关键问题是_____

　　引起您的关键业务问题的原因是：

　　原因 A_____

　　原因 B_____

　　原因 C_____

　　您说解决这一问题您需要的能力是：

　　能力 A_____

　　能力 B_____

　　能力 C_____

　　我们下一步要做的是：

　　当我告诉您我相信我们公司能帮助您_____
［描述权力支持者的目标］，您同意对我们的能力进行认真调查。根据目前已经了解的情况，我附上一份建议性评估计划，以便您更好地了解我公司的能力。请与_____［支持者］一同参考，我将于_____给您打电话，希望得到您的意见。

　　　　　　　　　　　　　　　　　　_____（署名）

　　　　附件：评估计划草案

 评 估 计 划

概述

评估计划是一个与权力支持者信函一起使用的销售辅助工具。他建议了一些你可以采取的步骤。

何处使用、如何使用

评估计划记录你和权力支持者达成一致的时间。你为每个事件规定了一个日期，以期在约定的日期结案。这有助于你控制和缩短销售周期。评估计划应当是买卖双方共同的项目方案。

应达到的效果

评估计划记录在销售过程中发生的事件及事件的先后顺序，能够帮助你控制购买流程。通过与客户共同管理这个计划，你能够预测何时需要何种资源，预见结案将遇到的潜在障碍。权力支持者对计划草案所做的改动表明，他已把计划草案当成自己的事，以及对这种方法的认可。

需要的信息

要创建评估计划，你需要了解客户的购买标准，并就你提出的评估方法与客户达成一致。其他需要考虑的事情如下：

- 月底、季度末、年终和其他定期进行的事件。
- 在这些事件中哪些需要付款。
- 完成每个事件所需要的时间。
- 在执行方案中的事件所需要的资源。

评估计划模板

[草案]					
事件	日期	✓	责任方	是否继续	是否付费

*表示双方需要共同决定是否继续。

"是否继续"步骤完成信函
（电子邮件）

概述

"是否继续"步骤完成信函是写给权力支持者或其他负责执行评估计划步骤人员的信件。写这个信件的目的是确认评估计划中的"是否继续"步骤已完成。

何处使用、如何使用

"是否继续"步骤完成信函应该在评估计划中任何一个被指定为"是否继续"决定时间完成以后使用。对于客户方其他参与决定过程的个人，可以给其发送信件或电子邮件副本。信函的目的只是提醒涉及的各方什么步骤已经完成，何时完成的，以及下面要进行什么步骤。

应达到的效果

"是否继续"步骤完成信函能够确保参与其中的每个人都了解计划的实施进程，从而与之保持一致。此外，它也能提示人们有必要投入额外的时间和资源。

需要的信息

在创建"是否继续"步骤完成信函前，评估计划应该已经完成，事件或步骤、"是否继续"决定点、日期都应当标明。
注意： "是否继续"步骤完成信函是使你始终走在客户前面的一个非常简单而有效的方法。你也可以包括或附上更新后显示所做变动及标注已完成时间的评估计划。

"是否继续"步骤完成信函(电子邮件)模板

亲爱的_____[权力支持者或评估计划实施人员的姓名]:

我十分高兴地告知您我们又完成了一个重要步骤。在_____[日期],我们完成了_____[描述已完成的事件]。

我们下一个重要步骤是在_____[日期]那一周,在这段时间我们计划_____[描述将要完成的事件]。

感谢您对本项目一贯的支持。

_____(署名)

抄送:_____
_____

[填写适当的人的邮箱]

附件:更新的评估计划

价值验证模型

概述

价值验证模型的作用是记录并呈现使用你的产品或服务之后预计可获得的相关收益。这些预计的量化收益是相对客户正在进行的总投资而言的。

何处使用、如何使用

价值验证模型通常在销售周期的证明阶段使用。该模型为客户提供对预计收益的详细分析（收入、利润增加和成本减少）。此外，对客户进行投资（一次性投资和持续性投资）的时间安排也进行了说明。

注意：当价值验证模型的度量体系来自客户时，使用模型成功的可能性更大。这些度量体系通常产生于你和客户创建构想的谈话中。

应达到的效果

使用价值验证模型可以明确你和客户双方将得到的潜在价值。这为你在与客户的谈判中做出较少让步提供了合乎逻辑的理由，同时也给客户采取行动提供了一个强有力的依据。

需要的信息

要完成价值验证模型，你需要知道客户对整个项目的预计投资额，使用你的产品或服务后预期可实现的相关收益，以及关于何时开始产生利润的合理预测。

注意：谨慎使用投资回报率这个词，因为多数客户对这个词的含义有他们自己的定义。

价值验证模型工作表

分阶段进行（千美元）

	第一季度	第二季度	第三季度	第四季度
收益				
收入增长带来的利润增长				
减少的成本				
规避成本				
季度总和				
累计价值				
投资				
一次性投资				
持续性投资				
季度总和				
累计投资				
净值				
季度总和				
累计总和				

数据来源：

第一年净收益：_____ 美元

损益平衡点：第_____季度

投资回报率（第一年）：_____%

 成 功 标 准

概述

成功标准确定了衡量你的能力对潜在客户的有效性和价值的基线。

何处使用、如何使用

成功标准应当在评价阶段由双方共同制定并达成共识。向客户提供了解决方案后,你应当不断地衡量成功标准,并将结果报告给客户。

应达到的效果

- 客户满意度高,因为客户认识到你提供的解决方案的价值。
- 客户信任你和你的公司。
- 未来项目会带来更多的业务。

需要的信息

要建立初步的成功标准,买卖双方应当就目前的衡量基线达成一致,同时双方应确定衡量每个指标的频率(如每月1次、每季度1次、每年2次)。

注意:应当确保成功标准能够归因于你的产品或服务。过于宽泛的成功标准可能导致外部因素影响最终结果。

成功标准模板

成功标准	基线	第一季度	第二季度	第三季度	第四季度
数据来源:					

谈判工作表

概述

谈判工作表是一个用于谈判前准备工作的工具,它能帮助你抵制住客户可能提出的让步要求。

何处使用、如何使用

为最终敲定销售条件,在双方进行讨论之前,谈判工作表应该就已完成。它为你坚持立场提供了一些指导方针。这些立场应该建立在从购买流程中获得的合乎逻辑的信息基础之上。主要"立场"有下面 4 个(未按重要性排序):

1. **痛苦立场**　提醒可驱动机会的客户痛苦。
2. **构想立场**　提醒为解决关键业务痛苦所创建的构想。
3. **价值立场**　提醒解决痛苦带来的量化价值。
4. **计划立场**　提醒评估计划,表明实现利润的时间。

应达到的效果

- 减少在价格和交易条件方面做出让步的压力。
- 更高的利润率。
- 更少的让步。
- 谈判更加顺利。
- 更合理的交易条件和条款。

需要的信息

要创建谈判工作表，必须已经诊断出了痛苦，创建了购买构想，完成了价值验证模型并已对有明确实施日期的评估计划达成一致。

谈判工作表模板

	__ 有权力购买？ _____	准备好了：
今天能否结案？	__ 就收益达成一致？ _____	___价格？
	__ 法律、技术、管理方面的支持？	___条件？
	__ 计划已完成？	___风险？
	__ 已知近____（时间）的费用 _____	

立场一 （计划）	"根据我们公布的计划，_____（日期）开始实施。问题是否值得等这段时间？"
立场二 （价值）	"我们在计算收益时，你说_____。我们一致认为项目_____以后能收回成本。"
立场三 （痛苦）	"我们在过去___个月以来合作的原因是_____。只有获得这些新能力，问题才能解决。"
立场四 （构想）	"你告诉我你需要一个方法_____。你知道，我们能给你提供这种能力。"

"只有你能为我做点什么，我才能为你做点什么。"

客户会问："比如做什么？"

注意：准备一个付出/得到清单，帮助你确定下列这些"得到"和"付出"。

对你来说是否有可能：

_____

这有可能吗？

安静！除非客户接受了你的条件……

如果你能_____，我们就准备好了_____，价值_____。

我们能在此基础上进一步吗？

 创 造 焦 虑

概述

创造焦虑这项技能可以使你设计出逼真的问题或情境，这些问题或情境恰好是用你的公司的能力可以解决的。它通常有助于建立差异化能力。

何处使用、如何使用

创造焦虑通常在客户已经有购买构想，而且购买构想是与你的竞争对手一同创建的情况下使用。通过运用创造焦虑的技能来制造一种"我必须要那个"的情形，你的差异化能力就显示出来了。要改变活跃机会（而且目前对你不利）中已经确定的要求和规则，使潜在客户产生这种心理是必要的。

应达到的效果

通过使用创造焦虑，你应当能够把你的某些差异化能力融入客户已创建的构想。这项技能与构想重塑相结合，能够改变购买决定的规则，使它们变得对你有利。

需要的信息

客户业务的情境知识、相关行业以往客户的相应知识，以及他们使用你的解决方案或特定能力取得的效果。

注意：创造焦虑也是一项可以融入营销信息和其他业务发展方法的实用技能。它也是在创建构想过程中对你的能力进行定位的有效技能。

创造焦虑范例

情境
职位：<u>销售副总裁</u>　　　　　　**行业**：<u>制造业</u>

焦虑问题
"如果……你认为怎么样？" 你接到最大客户的一个电话,他们告诉你打算转向你的竞争对手。他们说原因在于他们很少能得到关于交货、订单回补的状况及特别的定价安排等方面问题的答案。这使得他们在自己的客户中处于竞争劣势。他们提到你的竞争对手能够马上提供这些问题的答案。"

能力问题
"如果有一种办法来…… 当重要客户要求得到关键的常见问题的答案时,他们能够用普通的网络浏览器进行查询并即刻得到反馈,同时保持最大限度的安全性,这样你们的销售人员就可以用较少的时间来答复这些常见问题,而将更多的时间用于开发新客户。"

特征或产品、服务
"我们的电子商务产品的客户偏好特性能带给你这些能力。"

创造焦虑工作表

情境
职位：_____ 行业：_____

焦虑问题
"如果 _____ _____ _____ _____你认为怎么样？"

能力问题
"如果有办法 _____ _____ _____ _____你认为怎么样？"

特征或产品、服务

 ## 过渡问题和能力工作表

概述

过渡问题和能力工作表记录了客户公司中负责实施你们公司提供的解决方案的人员所经历的主要过渡性痛苦。它也描述了过渡性痛苦的潜在原因，以及你解决这些痛苦的相应过渡能力或服务。

何处使用、如何使用

当客户中的某人被指定负责实施公司某方面业务所要求的操作能力时，通常会出现过渡性问题。尽管负责实施的人员有意协助公司的工作，但谈到具体实施工作，这个人会感觉有障碍。这些障碍通常包括以下3方面：

- 缺乏时间。一大堆项目和任务已经占据了那个人有限的时间，再添加任何其他项目会被视为增加负担。
- 缺乏资源。完成过渡需要的人员目前不属于客户公司。
- 缺乏技能。负责执行的个人或团队不具备过渡所必需的专业知识和技能。

应达到的效果

工作表给你提供了机会，为负责实施的人员创建过渡性构想。这种"额外的销售"也有助于降低对实施方案的认知风险。

需要的信息

你需要预测潜在的过渡性痛苦、实施团队成功实施方案可能需要采取的步骤，以及你们的服务能力。

注意：过渡问题和能力工作表为创建针对负责实施人员的痛苦表提供了基础。过渡问题和能力工作表一般在一个销售周期（"可操作的"销售完成之后）的后段使用。它的重点通常是负责把当前业务状态过渡到新的业务状态的某个特定部门。

过渡问题和能力工作表范例

职位（负责实施的人）：
约翰·瓦金斯，首席信息官（CIO）
过渡问题：
实施电子商务应用延误

原因		过渡能力
A. 技术人员缺乏需要投入新系统的时间和资源。	⇔	A. 同意继续进行后一个星期，我们的程序员开始在客户方的监督下按照客户具体情况和要求定制电子商务应用软件。
B. 新的软件包不能和现有的应用程序兼容。	⇔	B. 在系统切换前 60 天，我方顾问会指导你们的程序员创建与现有应用程序结合的界面。
C. 培训资源有限。	⇔	C. 在系统切换前两个星期，与我们的业务伙伴签约并进行销售人员培训，以使你们的信息技术人员能集中精力于应用软件的整合。

过渡问题和能力工作表

职位（负责实施的人）：
_____

过渡问题：
_____

原因		过渡能力
A.	⇔	A.
B.	⇔	B.
C.	⇔	C.

 实施计划信函（电子邮件）

概述

　　实施计划信函是提出的实施计划的附信。就像权力支持者信函确认了你与权力支持者之间的构想处理谈话并引入了评估计划一样，实施计划信函确认负责实施人员的过渡构想，并且引入实施（过渡）计划。

何处使用、如何使用

　　实施计划信函用于概括并记录过渡构想处理谈话中了解的信息，主要内容包括过渡痛苦、痛苦的原因、建议性过渡能力和服务，以及引入实施（过渡）计划。

应达到的效果

　　实施计划信函是实施计划的说明附信，同时也是对旨在促使实施计划形成的谈话内容的总结。信函应成功地引入实施计划，同时就过渡构想处理谈话的内容取得一致意见。

需要的信息

　　要写好实施计划信函，你需要了解客户潜在的过渡痛苦、痛苦的原因、有助于解决问题的服务能力，以及实施团队在客户组织成功实施需要采取的步骤。

实施计划信函（电子邮件）范例

亲爱的约翰：

感谢你参与在 TGI 实施电子商务的研讨。写这封信的目的是总结我个人对会谈的理解并给你提供一些过渡方面的帮助。

我们对以下问题进行了讨论：

担心不能按原计划实施。目前，新应用程序的订单已经积压 9 个月了，主要原因是预算限制，另外程序员花费了 80% 的时间维护原有的应用程序。

你所关注的与进度相关的问题是：

- 增强现有的已证实的电子商务软件包功能，满足 TGI 的特殊需要。
- 新系统必须和现有会计和库存系统相兼容。
- 你们的培训主管担心培训和使用说明资料需要很多资源。

建议的过渡能力

- 征得同意后一个星期，我们的程序员开始在客户方的监督下按照客户的具体情况和要求定制电子商务应用软件。
- 在系统切换前 60 天，我方顾问会指导你们的程序员创建与现有应用程序相融合的界面。
- 在系统切换前两个星期，与我们的业务伙伴签署合同并进行销售人员培训，以使你们的信息技术人员能集中精力于应用软件的整合。

后续工作

你指出你们的财务副总裁吉姆·史密斯将对能提供的资金做出最终决议，你同意安排我们 3 人会面，讨论我们的建议。根据目前了解的情况，我提出了一个实施计划。请与吉姆一同参考，在 3 月 18 日，当我们协助吉姆先生分析项目价值时，可以对此进行讨论。

比尔·哈特

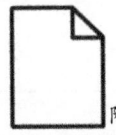

附件：实施计划

实施计划信函（电子邮件）模板

亲爱的＿＿＿＿＿＿＿［负责实施人姓名］：

　　感谢你参与实施＿＿＿＿＿＿［描述操作能力］的讨论。写这封信的目的是总结我个人对会谈的理解并向你提出过渡方面的建议和帮助。

　　我们对以下问题进行了讨论：

你对实施你公司需要的操作能力的主要顾虑是＿＿＿＿＿＿＿＿＿＿。

你存在这一过渡问题的原因是：

原因 A＿＿＿＿＿＿＿＿＿＿＿＿＿＿＿＿＿＿＿＿＿＿＿

原因 B＿＿＿＿＿＿＿＿＿＿＿＿＿＿＿＿＿＿＿＿＿＿＿

原因 C＿＿＿＿＿＿＿＿＿＿＿＿＿＿＿＿＿＿＿＿＿＿＿

你说解决这一问题需要的过渡能力包括：

能力 A＿＿＿＿＿＿＿＿＿＿＿＿＿＿＿＿＿＿＿＿＿＿＿

能力 B＿＿＿＿＿＿＿＿＿＿＿＿＿＿＿＿＿＿＿＿＿＿＿

能人 C＿＿＿＿＿＿＿＿＿＿＿＿＿＿＿＿＿＿＿＿＿＿＿

你说如果有了这些能力，你能帮助实施所需要的操作能力。

我们下一步要做的是：

你指出＿＿＿＿＿＿＿＿＿［权力支持者或财务主管］将负责批准这些服务的资金。根据我目前了解的情况，我附上一个建议性的实施计划。如果你能（与任何其他必要人员）先参考，那么我们能在＿＿＿＿＿＿［日期］一起进行讨论。

我期盼着帮助你在公司实施这些能力和服务。

　　　　　　　　　　　　　　　　　　　　　＿＿＿＿＿＿（署名）

附件：实施计划

实施（过渡）计划

概述

实施（过渡）计划与实施计划信函一起发给客户公司负责实施的个人或团队。

何处使用、如何使用

实施（过渡）计划按详细的步骤列出了为减轻客户关于使方案适合客户公司环境产生的忧虑而采取的行动，计划同时详述了哪方（销售或客户）负责需要完成的步骤/任务、完成的时间，以及每个步骤是否需要收费。

应达到的效果

就实施（过渡）计划的内容达成一致能使客户与你的实施团队相协调。这有助于按计划顺利实施过渡，同时也能减轻对已完成的销售提供支持所涉及的认知风险。

需要的信息

要完成实施（过渡）计划，你既要了解计划中的步骤，也要了解执行这些步骤所需要的资源。实施（过渡）计划中的活动应当相互协调，以便在双方一致同意的时间框架内收获预期效益。

实施（过渡）计划范例

日期（周）	事件	责任方		费用
		我方	客户	
5月10日	开始会谈——确定成功标准	×	×	
5月17日	开始对电子商务软件包进行改进	×		25万美元
6月7日	创建从在线订购入口系统到会计和库存系统的用户界面	×	×	25万美元
6月12日	进行小规模试点		×	
6月19日	与管理团队一起分析试点结果	×	×	
6月24日	完成实地销售/客户切换方案	×	×	
8月1—28日	实地销售的切换——90%的销售人员		×	
10月1日—11月10日	咨询人员协同 TGI 代表一起教授客户如何在线订购	×	×	4.2万美元
12月31日 3月31日 6月30日 9月30日	进行客户满意度和成功标准审查	×	×	

建议的实施（过渡）计划模板

日期（周）	事件	责任方		费用
		我方	客户	

解决方案销售漏斗里程碑

里程碑	里程碑描述	销售活动
T	区域	☐ 发现区域内的机会
S	合格的潜在客户	☐ 满足市场标准
		☐ 发现潜在支持者
		☐ 建立初步联系（可证实的）
D	合格的支持者	☐ 支持者承认痛苦
		☐ 支持者有具有价值的购买构想
		☐ 支持者同意继续协商购买
		☐ 支持者同意引荐权力支持者
		☐ 在支持者信函中就上述事项达成一致
C	合格的权力支持者	☐ 与权力支持者会面
		☐ 权力支持者承认痛苦
		☐ 权力支持者有具有价值的购买构想
		☐ 权力支持者同意继续协商购买
		☐ 提出评估计划
		☐ 就评估计划达成一致
		☐ 评估计划谈判
		☐ 提案前评审
		☐ 请求业务
		☐ 商讨提案
B	决策定案	☐ 收到口头支持
A	等候结案	☐ 就合同进行谈判
W	成交	☐ 书面签约
		☐ 更新潜在客户数据库

销售漏斗里程碑工作表

天数 ↓	销售机会→名称	1	2	3	4	5	6	7	8	9	10	
												潜在机会或活跃机会（L或A）
												潜在销售额（千美元）
	T											发现区域内的机会
												满足市场标准
												发现潜在支持者
	S											建立初步联系（可证实的）
												支持者承认痛苦
												支持者有具有价值的购买构想
												支持者同意继续协商购买
												支持者同意引荐权力支持者
												在支持者信函中就上述事项达成一致
	D											与权力支持者会面
												权力支持者承认痛苦
												权力支持者有具有价值的购买构想
												权力支持者同意继续协商购买
												提出评估计划
	C											就评估计划达成一致
												评估计划谈判
												提案前评审
												请求业务
												商讨提案*
												收到口头支持
	B											就合同进行谈判
	A											书面签约
	W											更新潜在客户数据库

* 提交一份不成熟的提案不是取得进展的表现。

里程碑的一般时间

里程碑	销售周期长度（月）					
	3个月	4个月	6个月	8个月	9个月	12个月
S	9	15	15	15	15	15
D	18	24	30	30	35	40
C	30	42	90	150	170	250
B	18	24	30	30	35	40
A	11	11	11	11	11	11
W	4	4	4	4	4	4

销售漏斗分析工作表

A	销售任务：			
B	平均销售时间：			
C	平均销售机会规模：			
D	当前月份：			
E	没有在"成交"阶段反映出来的今年以来结案金额：			
F	里程碑节点：	收入（美元） ×	成交概率（%）	产出量（美元）
	合格的潜在客户（S）	×	10	=
	合格的支持者（D）	×	25	=
	合格的权力支持者（C）	×	50	=
	决策定案（B）	×	75	=
	等候结案（A）	×	90	=
	成交（W）	×	100	=
			漏斗产出总量（美元）：	
G	可见的销售收入（$E+F$）：			
H	缺口（$A-G$）：			
I	可能的额外产出（$F \div B \times$剩余的月数）：			
J	剩余的缺口（$H-I$）：			
K	需要的新销售机会（$J \div C \times 10$）：			

后记

现在,你已经了解了解决方案销售的概念并已将之应用于具体的销售情境,重要的是,你应继续使用并不断完善所学的东西。我鼓励你经常进行本书中的练习,它们是帮助你实现最高职业目标的资源。

当你继续在自己的实际销售工作中使用解决方案销售方法时,你要知道你不是一个人。每天有 50 多万人在使用它。

最后,希望你具有实施解决方案销售的勇气,也希望你享受成功带来的自由和快乐。

祝你好运,祝你销售成功!